I0085457

Se réveiller en France

Se réveiller en France et survivre le sourire aux lèvres

SARA CROMPTON MEADE

Traduit de l'anglais par Simone Raffin,
Emmanuelle Le Cann et Marijo Huguet

Perspection Publishing, New Zealand

www.saracromptonmeade.com

Titre original :
Waking up in France and surviving with a smile
by Sara Crompton Meade

© Sara Crompton Meade, 2012

Photographies © Richard Meade, 2012
Perspection Publishing Limited

Tous droits réservés, reproduction même partielle interdite.

ISBN: 978-0-473-22769-2
Perspection Publishing Limited, New Zealand

À ma famille

Contents

Prologue

Mes mains transpiraient, mon cœur battait très fort. C'était comme si des fourmis grouillaient dans tous les sens dans mon ventre et elles étaient vraiment occupées. Je paniquais total parce que j'étais sur le point de faire quelque chose de pas facile. Devant moi, vingt-quatre paires d'yeux me fixaient et attendaient que je parle.

—Et si pas un mot ne sort de ma bouche ? me demandais-je.

—Et si tout s'embrouille dans ma tête ?

—Et s'ils rient de mes erreurs ?

—Et si… ?

J'étais dans tous mes états, je prenais mon temps, j'essayais de repousser l'inévitable.

Je les connaissais tous mais cela ne m'aidait pas beaucoup. J'ai ri intérieurement un moment, essayant de me calmer.

Mais là, c'était à mon tour, et je savais que je devais me lancer. Je ne pouvais pas attendre plus longtemps. J'ai pris une grande inspiration, avalé ma salive, toussé un peu. Je me suis retourné vers Papa et Maman pour chercher du soutien et je me suis lancé :

« Bonjour ma classe de l'école St Exupéry. J'habite en France depuis septembre 2009, mais je suis né dans un autre pays. Aujourd'hui, je vais vous présenter mon pays la Nouvelle-Zélande. »

Il y a deux ans, je suis arrivé en France avec ma famille. Il y a deux ans, j'étais un gamin calme et prudent, à l'écart des autres, assez timide, et qui ne pouvait pas dire ou comprendre quoi que ce soit.

Et me voilà, deux ans plus tard, en train de parler devant ma classe. En fait, j'étais en train de parler à *toute* ma classe du pays où je suis né et dans une langue étrangère … *je parlais français !*

Partie I Départ et arrivée

Chapitre 1 Moi

Salut ! Je m'appelle Matthew. J'ai dix ans et demi, les yeux gris, plein de cheveux foncés, épais et ébouriffés. Mes parents disent que j'ai un chat sur la tête. Ils disent des choses comme :

—C'est pas trop chaud d'avoir un chat sur la tête ?

—Allez, à la douche. Il est temps de laver le chat !

—Alors, tu ne dis rien, Matthew ? Le chat a mangé ta langue ?

Et ils pensent être *super* drôles.

Je pense que je ressemblerai au type qui joue Percy Jackson dans les films quand je serai plus grand.

J'habite dans une maison avec trois chambres en France, dans une ville qui s'appelle Ramonville St-Agne avec mes parents, ma sœur Olivia et mon frère Edward. Je suis l'aîné des enfants.

Je ne me rappelle pas comment j'étais, quand j'étais petit, mais ma mère et mon père racontent toujours cette histoire (sur moi). Je ne sais pas pourquoi, mais quand j'ai commencé à parler, je parlais avec un *accent écossais* et je pouvais très bien rouler les *rrrrr's*. C'est peut-être parce que j'adorais le film *Shrek* : mon-héros-vert-préféré-et-mon-modèle-à-l'époque.

Un soir, lorsque j'avais environ trois ans, je suis tombé de ma chaise pendant le dîner.

« Matthew ! Mon chéri ! Ça va ? » m'ont demandé Papa et Maman, inquiets.

« Pas de *prrrroblème*. *Rrrrrien* de cassé ! » ai-je répondu dans mon accent écossais.

Maintenant que je suis plus grand (et que mon accent écossais a presque disparu), ce que j'aime c'est construire des choses avec mes Lego et avec mes Kapla, faire du vélo avec Edward, du roller, faire des sauts sur la piste de cross, lire des tonnes de livres (surtout des livres *Horrible History* en anglais, qui me permettent d'apprendre à Papa des choses qu'il ne connaît pas). J'aime aussi chatouiller Olivia, faire la cuisine avec Maman, écouter de la musique sur internet et les CD de Papa, et jouer avec mes copains, Thomas, Frédéric et Baptiste.

Ce que j'aime *le plus au monde*, c'est regarder l'émission automobile anglaise, *Top Gear*. J'aime leurs supers voitures et les endroits où ils vont, et bien sûr les présentateurs Richard Hammond et James May sont géniaux. Je pense que le présentateur Jeremy Clarkson est rigolo même s'il est très vieux.

Je suis super calé sur les voitures maintenant.

Je suppose que je suis un enfant normal. J'aime beaucoup rire, m'amuser, faire tourner Papa et Maman en bourrique (après, comme punition, je vais au piquet dans les escaliers), des fois, aussi, je suis triste. Ouais, un enfant tout à fait normal quoi.

Ah, je n'aime pas du tout, mais alors, *vraiment pas du tout*, voir du sang - c'est dégoûtant ! Ça me fait tourner la tête, c'est comme si mes jambes avaient disparu et étaient remplacées par de la gelée.

Bon, alors, en quoi suis-je un enfant différent ? Eh bien, il y a deux ans, quand j'avais huit ans, on a quitté notre maison en Nouvelle-Zélande pour venir en France. Quand Papa et Maman ont commencé à en parler il y a quatre ans, je ne comprenais pas trop ce qu'ils voulaient dire. J'étais beaucoup trop jeune, et je ne savais pas autant de choses que maintenant. Ils en ont parlé la première fois, pendant un repas dans notre maison à Karori, dans la ville de Wellington.

« Eh ! Les enfants, » ont-ils dit alors qu'on mangeait du crumble aux pommes avec de la glace.

« Papa va reprendre ses études à l'université. Que pensez-vous d'aller dans un nouveau pays plutôt que de rester en Nouvelle-Zélande ? Ça serait une belle aventure ! » (Papa allait faire un doctorat en économie.)

Ils disaient ça comme des parents complètement naturels et détendus, qui prétendent que c'est la chose la plus normale au monde de chambouler notre petite vie tranquille.

« Ce sera une *expérience merveilleuse* ! » ont-ils dit avec enthousiasme. Olivia s'est mise à rire et a dit « Oh, oui ! Allons-y ! » pendant qu'Edward gazouillait. Il était tout petit à l'époque.

Des fois, je me mettais à pleurer parce que je me rendais compte que j'allais quitter tous mes amis ; j'aimais vraiment mes amis !

Et je venais juste d'avoir mon premier grade de louveteaux, et on était allés voir un hélicoptère du service d'urgences de Wellington. J'étais sûr qu'ils n'auraient pas *ça* en France !

« Je ne veux pas partir de Nouvelle-Zélande ! C'est nul partout ailleurs ! Je ne connaîtrai personne ! » je hurlais et je me lamentais. (Je peux être très dramatique quand je veux.)

Mes parents m'embrassaient et me disaient des trucs du genre, « Mais, mon chéri, ce sera une *telle aventure* ! », « Tu auras de nouveaux amis en France, tu verras, », « Ils ont même des Lego là-bas, *et* on ira à Eurodisney. Ça ne te plairait pas ? »

Puis, ils me disaient de finir mon dessert.

Il y a autre chose que tu dois savoir sur moi. J'aime que les choses soient *bien claires*. Chaque fois que je vais dans un endroit nouveau, il y a toute une liste de choses que je veux savoir, du genre :

—Premièrement : où va-t-on ?

—Deuxièmement : à quelle heure on part ?

—Troisièmement : comment c'est là-bas ? Est-ce que c'est grand, petit, à l'intérieur, à l'extérieur, dans une ville, à la campagne…?

—Quatrièmement : qui y sera ? Des parents ou juste des enfants ?

—Cinquièmement : que ferons-nous précisément, en détail, s'il vous plaît !

Ma sœur, Olivia, n'est pas du tout comme moi. Elle *adore* la nouveauté. Elle dit « Génial ! Je vais avoir de nouveaux amis et je vais faire de nouvelles choses ! Vite. On y va ! »

Ce que je veux dire, c'est que je n'avais pas très envie de changer de pays. C'est quelque chose de fou pour une famille, et c'est encore plus fou quand on ne parle pas la même langue. *En France ils ne parlent même pas anglais !*

Tu le savais ?

Mais qu'est-ce qu'ils ont dans la tête les parents ?

Chapitre 2 Le déménagement

Tout est devenu un peu plus vrai quand on s'est mis à faire nos valises tout à coup et qu'on a emménagé dans un appartement en location.

Papa et Maman ont vendu, stocké ou donné un tas de choses. J'ai dû surveiller Maman de très près pour qu'elle ne se débarrasse pas de tous mes trésors : mes collections de coquillages de la plage, mes bâtons, ou mes dessins de robots. Parfois, elle peut être un peu sans pitié.

C'était assez excitant, parce que j'adorais l'appartement où on allait habiter jusqu'à notre départ pour la France. C'était dans un petit groupe d'immeubles avec beaucoup d'autres appartements et il y avait une grande pelouse pour jouer. On se retrouvait avec les enfants des autres appartements et on faisait du vélo sur les petites routes de la résidence.

Maman se plaisait beaucoup là, parce que c'était calme et qu'elle pouvait entendre les chants des oiseaux. Elle adore ça. Elle pouvait garder un œil sur nous depuis le balcon et crier quand on faisait des bêtises.

Un jour, une dame d'un autre appartement m'a donné un papier pour Maman. Maman l'a lu puis a eu l'air de se mettre en colère. Elle a dit quelque chose comme, « Pfiou ! C'est ridicule ! » et « Mais où est-ce qu'on est ? » Je ne savais pas ce qui se passait.

Apparemment, personne n'avait le droit de faire sécher le linge sur le balcon. Ha ! Mais Maman aime faire sécher le linge au soleil et le plier soigneusement plus tard quand il est encore tout chaud. Du coup, quelquefois Maman se mettait à crier du balcon, un peu trop fort : « Arrêtez de rire ! » ou « Ne vous amusez pas ! PEUT-ETRE QUE C'EST INTERDIT ! »

(Pour être honnête, je crois que tout ce calme et cette tranquillité lui montaient à la tête.)

Je savais que le moment de quitter la Nouvelle-Zélande approchait. Des gens n'arrêtaient pas de venir chez nous, d'emporter de plus en plus de nos affaires : nos vélos, nos chaises, nos jouets et nos meubles. Maman restait avec un tas d'argent et des larmes sur son visage.

Papa et elle s'embrassaient beaucoup et j'entendais Maman pleurer doucement, « Il y a tellement à faire ! Pour quoi ne pas aller plutôt dans une autre ville en Nouvelle-Zélande ? Pourquoi déménager de l'autre côté du monde ?! Snif ! »

Je voulais réconforter Maman mais je ne savais vraiment pas quoi faire ou quoi dire. Je voulais me recroqueviller parce que j'avais l'impression de marcher sur des sables mouvants ; comme si rien n'était sûr, ni stable. J'étais en forme, mais je me sentais vraiment bizarre.

Papa était occupé à finir son travail. Quand il n'est pas étudiant, il est spécialiste en économie et il a sa société d'expert conseil. Cela veut dire qu'il est dans son bureau, devant son ordinateur, avec des piles de papier partout, il va à des réunions quand il ne passe pas des tonnes de coups de fil. À ce moment-là, il faisait des choses d'homme comme remplir nos valises de livres vraiment lourds, il les pesait, murmurait, en enlevait quelques uns et repesait les valises.

Tu sais comme les chiens deviennent nerveux et font des choses étranges quand un tremblement de terre, une tempête ou un raz de marée arrive ? Eh bien, je pense que mon petit frère Edward a dû sentir le changement arriver parce que soudain ce qu'il voulait absolument c'était avoir un petit chien pour lui tenir compagnie.

Il n'avait que quatre ans, mais il ne faisait que parler de ce petit chien. « Quand on ira en France, » lui disait Maman, « on t'offrira un petit chien. » (Je pense qu'elle disait cela pour qu'il arrête de demander.)

Un jour Edward a supplié vraiment plus que d'habitude.

« Maman, *s'il te plaît*, on prend la voiture maintenant et on va en France chercher ce petit chien. » Comme si la France était un magasin ou quelque chose du genre ! Maman a été vraiment triste pour lui, et elle l'a embrassé très fort et lui a donné un bol de chocolat chaud. (Mais il n'a pas eu son chien.)

La seule chose bizarre qu'a fait Olivia c'est qu'elle s'est mise à parler anglais avec un accent français, *très marqué*. Je ne sais pas où elle l'avait attrapé. Sinon elle était tout à fait normale, c'est à dire que tout l'excitait : chanter, danser, dessiner des princesses avec des baguettes brillantes. Des choses tout à fait normales, pour elle.

Il y a une chose qui m'ennuyait quand même un peu c'était qu'on avait le droit de prendre seulement une petite valise de jouets et de choses précieuses avec nous. On avait vendu beaucoup de nos jouets pour pouvoir utiliser l'argent en France pour en acheter d'autres. En tout cas, c'était notre plan.

Ma valise, une valise All Blacks, s'est très vite remplie de Lego, de billes et de livres, (les All Blacks c'est l'équipe de rugby de Nouvelle-Zélande, les champions du monde habituels, et on les adore !)

Olivia a rempli sa valise avec ses Barbies, ses pelotes de laine pour tricoter, ses crayons et sa peinture, et Edward a pris ses dinosaures et des tonnes de peluches. C'est un garçon qui aime les peluches.

Comme je l'ai dit, on n'allait pas envoyer des containers énormes avec nos affaires en France. Oh non ! À la place, on allait prendre *seize valises* ! Papa avait découvert que si on passait par les États-Unis ou le Canada on pouvait prendre le double de notre poids en valises, et il avait droit à deux ou trois sacs supplémentaires grâce à son système de points avec sa carte de fidélité.

Et voilà, notre grande maison a été réduite à seulement seize valises (ce qui fait beaucoup de choses quand on essaie de les faire entrer dans le coffre d'une voiture. *Je dirais même plus*, comme diraient Dupont et Dupond ; il n'y a pas assez de place.)

Chapitre 3 Adieu Wellington

Un week-end, Papa et Maman ont organisé une grande fête de départ dans la salle de l'église de Wadestown, à Wellington. Il y avait beaucoup de nourriture française délicieuse que notre ami Stéphane avait préparée. C'est un vrai chef cuisinier français de Wellington ! La fête a duré pendant des heures.

Ça ne ressemblait pas trop à une fête d'adieu, c'était plutôt une fête où on mange beaucoup, où on boit beaucoup et où on court partout avec ses amis.

Papa avait fait des grandes affiches des endroits où on allait vivre en France, il y avait aussi des cartes et des photos sur les murs pour que les gens puissent les regarder. C'était une très bonne idée parce que je pouvais montrer de nouveau à mes amis qu'on allait partir très loin en avion. Beaucoup de gens nous ont montré où ils étaient allés en France.

On a eu juste assez de temps pour aller voir un match de rugby à Wellington : les All Blacks contre la France au *Westpac Stadium*. C'était vraiment étonnant, sûrement parce que je n'avais jamais vu

avant autant de gens dans un même endroit. Zut !
C'était très bruyant et il faisait très froid, mais la
Nouvelle-Zélande a gagné et on était tous très
heureux.

Pour animer la fête, quelqu'un avait fait entrer
en cachette un coq peint aux couleurs de la France
- bleu, blanc et rouge - qui courait partout sur le
terrain. Je dois dire qu'un coq mouillé et apeuré
c'est très difficile à attraper. Olivia a eu un peu pitié
pour le coq quand même.

Je me rappelle très bien de notre dernier jour à
l'école. On était dans une école Montessori avec
des enfants d'âges différents dans une même classe.
Ça veut dire que ma sœur et moi on était dans la
même classe, appelée *Pohutukawa* (c'est le nom d'un
arbre en Nouvelle-Zélande. Il a des feuilles vert
foncé et des fleurs rouges. Il fleurit à Noël et on
l'appelle *l'arbre sapin de Noël de Nouvelle-Zélande*. On a
même appris une chanson sur cet arbre quand on
était en maternelle.)

« Les enfants, écoutez-moi, s'il vous plaît, » a
dit ma maîtresse. « Comme vous le savez, Matthew
et Olivia s'en vont dans un autre pays. Est-ce que
quelqu'un sait où ils vont ? Levez le doigt, si vous le
savez. »

« Non, Johnny. Ils ne vont pas au Canada. *Ta*
famille et *toi,* vous partez pour le Canada à la fin de
l'année. Est-ce que quelqu'un d'autre sait ? Ryan ? »

« Oui, c'est vrai, bravo Ryan. Ils vont en France. Mathis, Charles, sais-tu quelle langue ils parlent en France ? »

« Oui, maîtresse, ils parlent français en France » ont répondu Mathis et Charles ensemble, dans un français parfait !

Mathis et Charles parlent français tous les deux parce que Mathis est né en France, et que la mère de Charles est Suisse, et qu'elle sait parler français.

—Incroyable, j'ai pensé !

Puis, j'ai montré à ma classe où se trouvait la France sur le globe. Ouais, la voilà, de l'autre côté du monde - vraiment *complètement* de l'autre côté. Chaque fois que je la voyais, je sentais que les larmes montaient. Mais, je rigolais, et je sautais partout et les larmes partaient.

Alors, les élèves nous ont donné à Olivia et à moi, un petit carnet où tous les enfants avaient écrit des messages, avec une photo de chacun, ce qui était chouette. Le directeur, M. Wilson, est venu, il nous a donné un certificat et nous a embrassés. Il était vraiment très gentil.

Voici, ce que certains enfants ont écrit dans mon carnet (je n'ai pas changé l'orthographe bizarre !) :

—Merci à Matthew pour avoir *jouer* avec moi. Je voudrais aussi te *remerciere* pour avoir été *les* plus *coopérative* dans la classe. Signée Claire.

—J'aime comment tu joues *gentement*, et tu vas me *manqué* Matthew, *signée* Paul.

—Cher Matthew. J'espère que tu *t'amusera* en France et *c'étais* très agréable de jouer avec toi. *Signée* Charles.

—Moi, je ne *se* pas quoi dire, Gérard.

Bien sûr, c'était en anglais, mais tu vois l'idée.

Edward a dit au revoir aux enfants et aux maîtresses de la maternelle Montessori, et leur a donné un livre pour qu'elles se souviennent de lui (*Herbert the Brave Sea Dog*). Il a construit *un pont romain* une dernière fois parce qu'il aime vraiment faire ça.

Et on s'est dit au revoir. Olivia a embrassé ses amies. J'ai eu l'impression que Maman avait envie de pleurer et Papa a été vraiment courageux - comme d'habitude.

Voilà, c'était la fin de ma vie à l'école primaire Montessori Otari à Wellington. Je savais que je pourrais revenir pour rendre visite à tout le monde mais, zut, je me sentais tout drôle.

La nuit avant notre départ de Nouvelle-Zélande, il y a eu de l'imprévu.

« Maman, Papa, venez vite ! Edward tousse et s'étouffe ! » a crié Olivia depuis la salle de bain. On s'est tous précipités pour voir ce qui se passait.

Apparemment, Edward avait décidé de goûter à l'après-rasage de Papa et il a dû aller au centre médical d'urgence ce soir-là pour être sûr que tout allait bien. Oui ! Tout allait bien : en fait il avait seulement pris une toute petite quantité d'après-rasage. Ouf ! On s'était tous inquiété pour lui.

Après, Edward a dit à Papa, « Je ne le ferai plus jamais, jamais, parce que cela n'avait pas du tout bon goût. » Il avait l'air très sérieux. Il avait eu très peur.

Il y avait du soleil pour notre dernier jour à Wellington. On est allés se promener à Oriental Bay près de la mer, on a pris un bon repas dans notre restaurant préféré à côté de Waitangi Park, et on est allés à Te Papa, le Musée de la Nouvelle-Zélande, *une dernière fois*. C'est super là bas, et si tu n'y es jamais allé, tu dois y aller ! Il y a tant de choses à faire ou à voir pour les enfants.

Si on a réussi à emporter toutes nos valises à l'aéroport, c'est grâce au gentil chauffeur de taxi qui nous a aidés. Papa a dû lui donner beaucoup d'argent pour cela. Mais toutes ces valises faisaient une pile si haute sur les caddies que je pensais sérieusement que tout allait tomber.

Quelques bons amis, plus Nana et oncle Chris, sont venus nous dire au revoir. Il y a eu beaucoup d'embrassades, de bisous et d'adieux.

—Au revoir Nana ! Tu vas nous manquer ! Nous t'aimons !

—Adieu tout le monde !

—Bonne chance ! Bon voyage !

Chapitre 4 Les vols

On est partis pour Auckland. C'était la partie facile. Après, on a pris un avion pour Vancouver au Canada, puis un vol pour l'Allemagne, et finalement un vol pour Toulouse en France.

Papi et Mamie nous attendaient pour nous dire au revoir à l'aéroport d'Auckland. C'était vraiment super de les voir. Ils nous ont donné des *Tic Tac* (des bonbons qu'on adore). Je m'en souviens parce que c'était la première fois que j'avais une boite de Tic Tac entière pour *moi tout seul.*

« Au revoir mes petits choux ! » murmurait gentiment Mamie, en nous écrasant dans ses bras. « Profitez de chaque minute, n'oubliez pas ! »

« Au revoir mes petits enfants. A dans un an, » dit Papi. J'avais le cœur serré à l'idée de les quitter parce qu'ils étaient si vieux et, pour être honnête avec toi, ils pouvaient s'arrêter de respirer n'importe quand. Cela m'angoissait un peu.

On s'est embrassés sans arrêt jusqu'à l'heure de partir. Maman pleurait *de nouveau*. J'étais sûr qu'elle pensait qu'elle les voyait pour la dernière fois, et elle faisait des histoires parce qu'elle n'aime pas être dans des endroits fermés (comme les avions) pendant longtemps. Elle appelle cela *la claustrophobie*.

Une fois assis dans l'avion, on a attendu très longtemps. « Papa, c'est normal d'attendre aussi longtemps ? » lui ai-je demandé.

Finalement, il y a eu une annonce.

Un gentil monsieur a dit : « Mesdames, messieurs, les enfants. C'est votre chef de cabine qui vous parle. Nous sommes désolés pour le retard, mais un des chauffe-eau a explosé dans la cuisine et de l'eau coule sur les fils électriques. Ce n'est pas une chose que l'on aime voir dans un avion. (Ha ha ha !) Mais ne vous en faites pas, un ingénieur s'en occupe. Il va tout arranger et nous allons partir… »

Je n'ai *pas* aimé entendre cela mais alors, pas du tout.

« Papa, Papa, on va mourir ? » je voulais crier.

Maman me disait toujours « Ne panique pas, Matthew ! » et je ne comprenais pas ce qu'elle voulait dire, moi je voulais vraiment paniquer maintenant ! Je pense qu'elle aussi. Ses yeux s'agrandissaient et elle se contentait de regarder Papa sans rien dire. Papa a secoué les épaules comme pour dire, « Oui eh ben, ne t'en fais pas. »

Mais dans sa tête, Papa pensait que *explosion, avion, eau* et *électricité* dans la même phrase ce n'était vraiment pas une très bonne façon de commencer un vol de onze heures à travers l'Océan Pacifique, si tu vois ce que je veux dire. Mais, il se disait que le pilote voulait sûrement rester en vie, donc on ne volerait que lorsque tout serait tout à fait sûr.

Nous, les enfants, on nous a servi nos repas en premier (mais on devait le commander en avance) ce qui était un *privilège* d'après Papa. Mais on a eu à manger à 22h30. Ça ne me semblait pas un privilège parce que je mourrais de faim ! On nous a donné des cadeaux, des petites choses à faire dans un avion, ce qui nous a occupés pendant cinq ou six bonnes minutes.

Mais, en vérité, la meilleure chose pendant les vols c'est les grands postes de télé sur le siège de la personne assise devant toi. Comme ça tu peux mettre les écouteurs et choisir ce que tu veux regarder ou écouter sans que Papa ou Maman te crie de baisser le son, non, mais tu écoutes Matthew !

Après de longues, longues heures, nous sommes arrivés à Vancouver au Canada. C'était bizarre de regarder cette ville que je n'avais jamais vue avant de l'avion.

Papa avait dit qu'il ne voulait pas passer par les États-Unis pour ne pas être ennuyé par la douane comme si on était des terroristes, et surtout pas avec toutes nos valises. Je n'avais jamais fait de voyage aussi long vers un pays complètement inconnu. J'avais été juste en Australie, et ça ˋc'est tout près ; seulement trois heures de vol en gros.

Edward avait l'air tout endormi et tout mou, ses yeux étaient à moitié fermés. Lorsqu'il y a eu l'annonce nous demandant de relever nos sièges, Edward a murmuré à Papa, « On est déjà parti de Wellington ? » Je ne pense pas qu'il savait *qui* il était ni *où* il était.

On est restés quelque temps (*très* longtemps, en fait) à Vancouver, puis on est repartis pour Munich qui se trouve en Allemagne. Cet avion là, avait les WC à l'étage en dessous, ce que je trouvais complètement génial.

Sur ce vol, il m'a semblé qu'il y avait beaucoup de gens parlant des langues différentes (elles semblaient toutes différentes en tous cas). Maman a dit qu'elle pouvait entendre du français, de l'allemand et de l'anglais. Cool ! J'ai remarqué que les hôtesses pouvaient choisir quelle langue employer avec un passager juste en le regardant. Elles devaient être télépathes ou avoir des superpouvoirs extra-terrestres ou quelque chose comme ça, un peu comme Maman, je pense. Elle semble toujours savoir qui frappe à la porte avant d'ouvrir, ou savoir qui téléphone. Elle peut le dire de la façon dont le téléphone sonne. *En plus,* elle a des yeux derrière la tête…

J'avais regardé tellement de films pendant le vol précédent que là, j'étais vraiment, vraiment fatigué. On n'avait pas pu s'asseoir tous ensemble, j'étais assis tout seul devant Papa. Je me suis endormi sur le bras de mon voisin. Il a dit que c'était OK quand Maman lui a demandé, et il était vraiment gentil parce qu'il s'est occupé de moi pour être sûr que j'avais encore ma couverture, que je ne ronflais pas, ou que je ne bavais pas trop.

On était en Allemagne, et après une autre attente et un autre avion on est finalement arrivés à Toulouse qui se trouve dans le sud-ouest de la France.

BILAN : trente-six heures après notre départ de Nouvelle-Zélande, on avait atteint la France. On avait fait vingt-cinq heures de vol, et beaucoup, *beaucoup* d'attente dans les aéroports.

Le pauvre Edward ne savait plus où il était. « On est déjà en France Papa ? » a-t-il demandé, tout endormi, pendant qu'on traînait nos corps épuisés dans un taxi.

« Tu ne vois pas que tous les panneaux sont dans une autre langue, Edward ?! » lui ai-je dit avec un peu d'impatience. Il ne disait rien. Il était trop assommé.

« Oh, OK, désolé Edward. Tu ne sais pas encore lire, » je lui murmurais doucement, me sentant un peu mal.

Papa avait réservé un grand taxi pour venir nous chercher avec tous nos bagages et nous emmener là où on allait habiter. On a eu vraiment de la chance parce que *la plupart* de nos valises étaient arrivées, et on a dû rester à l'aéroport seulement une heure de plus pour régler des papiers et retrouver les valises manquantes (dont la précieuse guitare électrique de Papa). Le chauffeur de taxi nous a aidé à remplir les formulaires en français.

Edward pleurait et pleurait sans arrêt maintenant, et Olivia était vraiment surexcitée. Et moi, il me semblait que je m'étais écrasé à toute vitesse avec mon BMX contre un grand mur de pneus.

Chapitre 5 Bonjour la France!

Tu sais que c'est un château ? On a habité dans un château du 16ième siècle !

Bon, il ressemblait plus à une grande maison qu'à un château, mais c'était son nom - le Château de la Cépière.

James, un ami néo-zélandais de Papa, étudiait dans le même programme de doctorat que Papa, avec quelques années d'avance. Il avait un appartement dans ce château et il nous avait dit qu'on pourrait y habiter à notre arrivée. Sympa le gars !

Notre premier jour en France a été assez détonnant. Toutes ces nouveautés autour de moi auraient dû m'en boucher un coin mais comme j'étais un peu à côté de mes baskets, c'était normal. Bien sûr Papa et Maman étaient avec moi. James et sa copine nous ont emmenés dans un grand marché en plein air près d'une vieille église appelée Saint-Aubin dans le centre-ville de Toulouse.

C'était comme un autre monde ! Il y avait vraiment beaucoup de monde et les odeurs étaient différentes. Partout il y avait des étalages de marchands qui vendaient des fruits et des légumes, plein de sortes de pains, de la viande, des habits - de tout !

Olivia a remarqué qu'il y avait beaucoup de crottes de chien sur le sol, du coup il fallait faire très attention où on posait les pieds. En Nouvelle-Zélande on se serait assis sur l'herbe pour prendre le déjeuner, mais là on ne pouvait pas à cause des crottes de chien et des canettes de bière. Alors on a mangé nos pizzas assis sur les marches de l'église.

On a regardé les gens qui passaient et on a écouté le son des langues différentes. Il y avait beaucoup de gens avec la peau sombre, d'Algérie, du Maroc, de Tunisie, ou d'autres pays d'Afrique, comme Papa me l'a dit. On ne voit pas beaucoup de gens qui leur ressemblent en Nouvelle-Zélande (où il y a des Européens, des Māoris, des gens des Iles du Pacifique, ou des Chinois).

Tout à coup, « Papa ! À l'aide ! On va se faire écraser ! » J'appelais Papa, certain que la mort approchait à toute vitesse. En vérité, un train s'approchait rapidement, mais on n'allait pas mourir.

On était dans le métro qui passe dans de longs tunnels sous Toulouse. Mais la chose bizarre c'est que les trains *n'ont même pas de conducteur !* C'est un peu lugubre parce qu'on dirait que les trains avancent tout seuls. Et vite ! C'est terrible, quand deux trains passent l'un à côté de l'autre dans le tunnel, à toute vitesse, sans conducteur. Ça a l'air fou.

Papa dit que tout est automatique et qu'il y a des gens très qualifiés assis dans une salle pour vérifier que le système informatique envoie les trains à la bonne station et au bon moment.

—Ouf ! Quel soulagement, ai-je pensé.

Mais alors, je me suis demandé, qu'est-ce qui arriverait si tous ces gens hautement qualifiés avaient besoin de faire pipi en même temps, ou s'ils partaient tous prendre leur repas de Noël ensemble, ou quelque chose. Qu'est-ce qui se passerait dans le métro ??

Je sais *si bien* me prendre la tête pour toutes ces choses.

Il faisait très chaud à Toulouse - plus de 30° C - et encore on est arrivés au début de l'automne quand soit-disant il fait plus frais. Mouaip !

(C'était le début du printemps en Nouvelle-Zélande. Tout est vraiment sens dessus-dessous ; même les saisons !)

C'était vraiment étrange le décalage horaire. On dirait que le corps ne sait pas l'heure qu'il est. Maman dit que c'est quand notre âme prend un peu de temps pour rattraper notre corps qui a voyagé trop vite sur une longue distance. Bizarre ! Mais on se sentait tous drôlement chamboulés.

On disait toujours :

—C'est l'heure du petit déjeuner ?

—Maintenant, est-ce qu'on peut courir dehors, Papa ?

—Je dois vraiment dormir quand il fait noir, même si je ne suis pas fatigué ?

—Maman, pourquoi je ne peux pas rester éveillé après 17h00…zzzz…

Ça nous a pris quelques jours et quelques nuits pour se recaler.

Le château avait un jardin géant avec de très grands arbres. C'était vraiment formidable. Il y avait beaucoup d'endroits où on pouvait jouer parce qu'on ne pouvait pas rester tranquilles tout le temps, même si le rez-de-chaussée du château était occupé par des entreprises où des Français venaient travailler.

Mais Edward n'arrêtait pas de tomber par terre, ou de tomber d'un arbre, ou alors il criait à tue-tête quand Olivia ne voulait pas jouer avec lui. Maman était très ennuyée surtout si les gens qui travaillaient là sortaient pour voir si Edward allait bien.

« Ce garçon, il crie. Il va bien ? »

Un jour, alors qu'on souffrait encore du décalage horaire, Maman et nous, on est allés à Toulouse. On a vu un pont de pierre, appelé Pont Neuf, ce qui veut dire *nouveau pont*. J'ai trouvé que c'était vraiment drôle comme nom parce qu'il a été construit au 16ième siècle, ce qui n'est pas exactement neuf ! Je pense qu'il était plus neuf que ceux d'avant, faits en bois et qui ont été emportés par des crues.

Alors qu'on venait de traverser le Pont Neuf Maman a dit qu'elle reconnaissait des gens familiers. Elle a eu une soudaine envie de leur dire *Kia ora*. C'est ce que disent les Māori à la place de *Hello* en Nouvelle-Zélande. Tout à coup, ces quatre grands Māori ou peut-être des gens des Iles du Pacifique se sont tournés vers nous avec surprise et ont dit *Kia ora* à Maman !

Habituellement, Maman est très aimable et a l'habitude de s'arrêter pour parler aux gens, du coup je lui ai demandé plus tard : « Pourquoi as-tu continué de marcher Maman ? Pourquoi tu ne t'es pas arrêtée pour parler à ces gens ? Je pense qu'ils viennent vraiment de Nouvelle-Zélande ! »

Ce qu'elle a répondu était vraiment drôle. Elle a pensé qu'elle ne serait pas capable de leur parler *parce que son français n'était pas assez bon* !

Quoi ?! Les extra-terrestres l'avaient vraiment attrapée cette fois.

Beaucoup plus loin dans la rue elle s'est rendu compte *qu'ils auraient parlé anglais*. Oh mince ! Elle était seulement en France depuis quelques jours mais elle imaginait qu'elle ne savait pas parler la même langue que tous les gens qu'elle croisait - bizarre, non ? (Papi lui aurait dit que son cerveau était complètement embrouillé.) Plus tard, on a vu une affiche d'un match de rugby, France contre

Nouvelle-Zélande, et on s'est dit que ces gens devaient faire partie de l'équipe de Nouvelle-Zélande.

Le supermarché le plus proche du château vendait de la nourriture très différente de celle qu'on mangeait d'habitude. Il y avait une grande boulangerie et on y allait chaque jour pour acheter des pâtisseries pour le thé du matin (du pain brioché avec du chocolat à l'intérieur, appelé *chocolatine* à Toulouse). Délicieux !

On a remarqué que beaucoup de nourriture était présentée dans des barquettes de plastique ou enveloppée dans des sacs en plastique, beaucoup plus qu'en Nouvelle-Zélande. Deux ou trois fois, on a acheté des brocolis enveloppés dans du plastique et peut-être deux minutes après qu'on ait enlevé l'enveloppe, le brocoli commençait à jaunir. Je ne pense pas qu'il était vraiment frais et après on en n'a plus acheté. On a pu acheter des kiwis qui avaient voyagé de Nouvelle-Zélande, et qui étaient très bons. Les Français les appellent juste *kiwi* et pas *kiwi fruit* comme nous.

Le supermarché avait aussi un système spécial pour acheter de la viande chez le boucher. Il faut prendre un ticket et attendre qu'on appelle son numéro. Maman n'était pas assez courageuse pour faire ça. Le boucher vendait des lapins dépouillés (sans peau !) avec encore leurs yeux, et qui étaient ouverts ! Complètement bizarre ! Il vendait aussi des gigantesques poulets et on a appris plus tard que c'était des dindes.

Les gens étaient très gentils et aimables, spécialement quand ils ont su qu'on venait de Nouvelle-Zélande.

« C'est très, très loin, » disaient-ils l'air très impressionnés. Puis ils nous regardaient les yeux rétrécis, comme si on était des criminels et demandaient à Maman, « Mais pourquoi les enfants ne sont-ils pas à l'école ? »

Du moins, c'est ce que Maman pense qu'ils disaient. On faisait confiance dans le peu de français que Maman avait étudié un an et demi à l'Alliance Française à Wellington. Elle disait qu'elle avait beaucoup de connaissances dans la tête mais beaucoup de difficulté à faire sortir les mots de sa bouche. Quelquefois elle ressemblait à un poisson hors de l'eau : la bouche ouverte, le souffle coupé, avec rien qui sort.

Chapitre 6 Mais où allons-nous vivre ?

« Ma chérie » a dit tranquillement Papa à Maman lors de notre troisième jour en France. « J'ai parlé avec Aude, la responsable administrative du programme de doctorat à l'université, et je me suis rendu compte qu'il y avait un cours intensif de mathématiques que j'aurais dû commencer *hier*. Ça va aller si je pars toute la journée, tous les jours, pendant deux semaines ? »

« Oh » dit Maman, si doucement que je pouvais à peine l'entendre. Elle est passée d'un air normal, à un air malheureux puis lugubre, en une nanoseconde.

Papa et Maman espéraient avoir les deux premières semaines ensemble en France pour se repérer dans la ville et pour faire des choses importantes. J'ai l'impression que ça a été inattendu pour eux de voir Papa quitter le château le matin de bonne heure et revenir le soir en nage et un petit peu fatigué.

(Par chance pour Papa, son programme à l'université était entièrement en anglais parce qu'il savait encore moins de français que Maman !)

Et bien sûr, on devait trouver une maison parce qu'on ne pouvait pas rester dans l'appartement de James pour toujours. Un jour, à sa pause déjeuner, Papa a rencontré deux ou trois agents immobiliers qui parlaient un peu d'anglais, et qui lui ont montré trois maisons différentes. On a choisi la dernière - celle où nous habitons maintenant, à Ramonville St-Agne.

Ramonville St-Agne est une ville très agréable.

Papa et Maman avaient choisi cette ville à l'extérieur de Toulouse parce que :

—Premièrement : Ramonville St-Agne est sur la ligne B du métro, la même ligne que l'université de Papa, comme ça c'est facile d'y aller pour lui (en fait, ça prend quarante-cinq minutes pour chaque trajet, mais c'est pas trop mal),

—Deuxièmement : Maman ne voulait pas vivre au centre-ville alors qu'elle pourrait marcher sur l'herbe et écouter les oiseaux (n'est ce pas pour l'amour du ciel ?), et

—Troisièmement : Papa et Maman pensaient que dans une plus petite ville, il y aurait plus de convivialité, plein d'activités facilement accessibles et qu'il serait beaucoup plus facile de se faire des amis.

Effectivement, ça semblait être une ville agréable à vivre, en plus autour de la maison, il y avait un jardin pour jouer, de la place pour faire pousser des légumes, et une allée pour faire du vélo à toute vitesse (Papa nous en a finalement achetés). On pourrait aussi regarder ces énormes avions qui ressemblent à de grosses baleines et qui vont à l'aéroport de Toulouse ; ils volent juste au dessus de la maison. Ils portent des parties d'avions énormes de toute l'Europe pour être assemblés à Toulouse.

Maman avait déjà vu cette maison sur internet quand on était encore en Nouvelle-Zélande, et c'est celle que nous avons choisie ! On n'aurait pas eu tout cet espace dans le centre de Toulouse de toute façon.

Ramonville St-Agne est juste à côté du Canal du Midi qui est une sorte de rivière conçue par les hommes (et creusée par les hommes) et qui était utilisée autrefois pour transporter des marchandises sur des péniches entre Toulouse et la mer Méditerranée. Maintenant, on y voit des touristes sur des péniches ou des bateaux de plaisance, pendant que des tas de gens marchent, courent ou font du vélo sur le chemin utilisé avant par les chevaux pour tirer les péniches. Le canal est bordé de chaque côté par de grands arbres très vieux (Maman dit qu'on les appelle les *platanes*) qui se penchent et touchent même l'eau par endroit.

Deux fois par semaine à Ramonville St-Agne, il y a aussi un grand marché en plein air, (le mercredi et le samedi matin) avec plein de fruits, de légumes, de fromage, de viande, de café, de pains, de fleurs, et plein d'autres trucs. La mairie ferme une rue toute la matinée pour que les camions et les tables des marchands soient installés sous les arbres (d'autres gros et vieux platanes).

Je pense que beaucoup de gens viennent au marché juste pour parler à leurs amis, et ça prend beaucoup de temps pour aller quelque part si on y vient un mercredi matin parce qu'il y a tant de gens, et que Maman veut parler à tout le monde (ou *essayer* au moins). Mais les fruits et les légumes sont vraiment moins chers, c'est ce qu'elle dit.

On a vu que dans la bibliothèque de Ramonville St-Agne, appelée médiathèque, il y avait une rangée entière de livres écrits en anglais, avec tous les livres de *Harry Potter*, et c'était vraiment super de découvrir ce petit trésor. Une bibliothèque en France est normalement appelée bibliothèque mais comme cette bibliothèque a une grande section musique (discothèque), la bibliothèque est devenue *la médiathèque*. C'est clair ?! (Vraiment ?)

Près de la bibliothèque, on a aussi trouvé la place où de vieux messieurs (et quelques fois des jeunes) jouent à la pétanque sur un sol de graviers à l'ombre d'autres grands platanes. La pétanque est un jeu français qui se joue avec de petites boules lourdes, mais ce n'est pas vraiment comme le bowling. Il y a une technique spéciale où quelques fois il faut sauter un peu en l'air pour essayer de lancer la boule aussi près du cochonnet que possible.

Il y a beaucoup d'animation autour de la pétanque. Les vieux messieurs balancent les bras et discutent de leurs scores - comme s'ils étaient en colère mais ils ne le sont pas ! Ils s'amusent bien.

(On ne pouvait pas rester à les regarder très longtemps parce que quand on avait besoin de faire pipi il fallait utiliser les toilettes publiques de la place.

Elles sont *un peu différentes* de celles auxquelles on est habitué en Nouvelle-Zélande. C'est comme un trou dans le sol. La première fois où Edward les a utilisées il a eu tellement peur qu'il n'a pas pu faire pipi.)

Les gens ont été très gentils avec nous, ils nous ont donné des choses qui ne leur servaient plus. Olivia a eu vraiment de la chance, parce qu'on lui a donné de grandes boites pleines de Barbies, avec des meubles, des maisons et des voitures. Elle a eu vraiment de la chance, en tout cas. Des choses avec lesquelles tu ne *me* verrais pas jouer.

On nous a aussi donné une voiture. Une *vraie* voiture (pas une voiture de Barbie). Super ! C'était une famille de Nouvelle-Zélande qui habitait à Toulouse et retournait à Auckland. Ils nous ont laissé leur voiture (une grande Renault Espace) ce qui était très gentil de leur part. On pouvait y mettre des tas de trucs en plus de nous tous.

Pourtant, cela faisait *trop peur* de rouler *du mauvais côté de la route,* surtout la première fois. Papa conduisait, avec toute la famille dans la voiture, et plein d'affaires partout, il essayait de comprendre tous les boutons de commande, les vitesses, et tout, pendant que Maman nous dirigeait du mauvais côté parce qu'elle ne comprenait pas la carte totalement inconnue. Papa a essayé plusieurs fois la voiture mais il a dit que c'était très différent avec nous tous à l'intérieur.

« Papa et Maman, il faut que je vous dise quelque chose, » ai-je fait le soir au moment d'aller au lit. « Quand on a roulé pour la première fois dans la voiture, j'étais encore plus stressé que lorsque j'ai joué le rôle principal dans le spectacle de l'école en Nouvelle-Zélande. J'ai vraiment eu peur d'avoir un accident. »

Et sais-tu que tout dans les voitures françaises est *de l'autre côté* ? En Nouvelle-Zélande, les gens conduisent à gauche sur la route mais le conducteur est assis à droite de la voiture. En France, ils roulent à droite sur la route, avec le conducteur assis à gauche de la voiture. C'est complètement inversé. Pourquoi, je te le demande ??

Papa a dit que c'était pareil que de réapprendre à conduire. Il n'arrêtait pas de donner des coups sur sa gauche comme s'il voulait changer de vitesse (comme dans une voiture anglaise), mais il ne trouvait pas le levier de vitesses. Heureusement, les pédales (l'accélérateur, le frein et l'embrayage) sont tous au même endroit !

Maman s'est rendue compte qu'elle ne pourrait pas conduire la grande Renault Espace sans avoir mal à l'épaule à cause d'une ancienne blessure. Un ami lui a trouvé très gentiment une petite Rover Anglaise avec le volant du côté *normal*, et après elle était beaucoup plus heureuse.

Chapitre 7 Rencontres, organisation et achats

« Bienvenue ! Je m'appelle Marcel, et voici, ma femme, Mélanie. »

Le jour où on a emménagé dans notre maison, nos voisins nous ont salués et nous ont immédiatement prêté des tasses, des assiettes et des couteaux pour boire et manger. C'était très gentil de leur part ! On n'avait que nos valises avec nos habits, nos chaussures et des livres de cours de Papa. La maison était *complètement vide* et elle *résonnait, résonnait, résonnait…* quand on parlait.

Il n'y avait pas de rideaux, ni d'abat-jours. Dans la cuisine il y avait seulement un évier et quelques placards, donc on a dû acheter un frigo, un four, une table et quelques chaises et tous les trucs qu'on a besoin dans une cuisine, et bien sûr des lits et des étagères et - *tout*. Lorsqu'on a emménagé, on a dû dormir sur une pile de manteaux d'hiver parce qu'on n'avait pas encore de lits (en fait, c'était assez confortable). Papa et Maman avait un matelas gonflable - quelle chance !

On a fait des tas de courses dans différents magasins ainsi que dans des magasins d'occasion pour trouver les choses dont on avait besoin. Et tout ça c'était une grande aventure parce qu'on devait trouver où aller et comment y aller. Tout était complètement nouveau. Mais on n'a pas acheté tout de suite de lave-vaisselle parce que Maman la faisait.

On a rencontré d'autres gens très gentils. Susannah et Jack qui nous ont invités à déjeuner peu de temps après notre arrivée. Maman avait connu Susannah par email lorsqu'on était encore en Nouvelle-Zélande (par des amis d'amis, disait-elle). Ils avaient deux fils, Elliott et Pearce, du même âge qu'Edward et moi.

Ce qui était bien c'était qu'ils venaient des États-Unis et donc qu'ils parlaient anglais (un anglais un peu différent du nôtre mais quand même de l'anglais) ; comme ça on pouvait bien se comprendre. Elliott (le garçon de mon âge) aimait les mêmes livres que moi, on a passé du temps à lire, et à jouer avec des Lego.

Edward et Pearce jouaient ensemble pendant qu'Olivia brossait les cheveux de Susannah. On se voyait très souvent, c'était super.

Susannah et Jack connaissaient des gens qui quittaient Toulouse, et ils nous ont mis en contact pour que l'on récupère certaines de leurs affaires comme des tapis, des paniers, des tableaux, et plein de choses étranges comme une collection de savonnettes et de shampoings d'hôtels où ils étaient allés. Tout cela faisait qu'on se sentait de nouveau dans une maison.

Et c'était vraiment agréable d'être dans *notre propre maison* et d'être ensemble, rien que nous. On a emménagé un samedi, seulement deux semaines après notre arrivée.

Le dernier soir chez James au château de la Cépière, on a fait un barbecue de départ avec plein d'amis de l'université de James, et on a mangé pour la première fois des cœurs de canards (c'est salé et délicieux).

Mais il s'est mit à pleuvoir et on a dû tous rentrer en courant avec nos assiettes.

Chapitre 8 Faire des choses importantes comme s'inscrire à l'école

Le vendredi avant d'emménager dans notre nouvelle maison, Maman, Olivia, Edward et moi, nous sommes allés au Secteur Éducation Jeunesse à Ramonville St-Agne pour nous inscrire à l'école.

Papa et Maman m'avaient promis que toutes les écoles de Toulouse avaient un programme spécial pour aider les enfants qui ne parlaient pas français, et c'était une raison pour laquelle j'avais été d'accord pour venir en France.

Eh bien, c'est vraiment trop terrible, mais Ramonville St-Agne est juste à côté de la limite de Toulouse, et il n'y avait pas de programme spécial d'intégration. Et comme on avait déjà signé le contrat de location pour la maison, on ne pouvait pas changer d'endroit où habiter.

« Oh non ! Catastrophe ! Alerte rouge ! Échec en vue ! » ai-je crié pas très calmement.

Maman était comme un disque rayé. Elle disait que j'étais *enclin à l'exagération.* Comme toujours, je pensais que les choses seraient pire que la réalité.

« Maaa-man, ce n'est pas vrai, » lui ai-je répondu. « Je n'exagère jamais, *jamais.* JAMAIS ! »

« C'est ce que je dis, Matthew ! » m'a-t-elle dit en riant.

Après de nombreux coups de téléphone et une longue période d'attente, le Secteur Éducation Jeunesse a décidé qu'on serait dans la même classe que les autres enfants de notre âge dans notre école de quartier, mais qu'on irait dans la classe des petits (appelée CP) pour apprendre le français. Je n'ai pas aimé entendre ça. Je ne voulais pas aller dans la classe avec les petits alors que j'étais un grand. Cela allait être très mauvais pour mon image par rapport aux enfants de mon âge, alors que je devais essayer de m'intégrer et d'être comme les autres.

Mais en tous cas, qu'est-ce que je pouvais y faire ? Olivia et moi on irait à l'École Élémentaire St Exupéry alors qu'Edward irait à la Maternelle St Exupéry, juste à côté.

Voilà. OK. C'était la première étape d'une longue série et c'était fait.

Cet après-midi là, on est allés rencontrer la directrice de l'école élémentaire, Madame Rousseau. Elle était vraiment gentille, mais elle ne parlait pas beaucoup d'anglais (et Maman ne parlait pas assez bien français).

« Oh, non, » disait Maman avec inquiétude. « Avec mon français débutant ça ne va pas être facile cette fois ! »

—Qui panique maintenant ? je me suis demandé, dans ma tête.

Mais, tout à coup, une dame est apparue pour nous aider (un ange, a pensé Maman). Une dame française, Patricia, qui avait vécu au Pays de Galles avec son mari Gallois, Dafydd, elle parlait anglais couramment, et comme *par hasard* elle était à l'école cet après-midi là pour son travail.

Elle a tout traduit pour Maman. J'ai pu voir le visage de Maman passer de *très ennuyé* à *tout est clair et limpide*. Madame Rousseau et Patricia étaient très aimables et chaleureuses, elles ont même montré à Maman la liste de fournitures scolaires avec un exemplaire de tout ce qu'on devait acheter.

Alors, on est allés voir nos nouvelles classes. Madame Rousseau serait ma maîtresse dans la classe de CE2, et Madame Morel serait celle d'Olivia dans la classe de CE1.

Ça m'en a bouché un coin. Je souriais même si je me sentais inquiet. J'essayais de voir quelqu'un qui aurait l'air gentil dans ma classe mais tout ce que je pouvais voir c'était des enfants étranges, et beaucoup trop. Tous avaient l'air excité de nous voir, surtout lorsque Madame Rousseau leur a montré où était la Nouvelle-Zélande sur une carte.

« C'est très loin la Nouvelle-Zélande ! Très, *très* loin ! » a-t-elle dit.

Ça, elle avait bien raison !

Mais, attends un peu.

Je n'étais *pas du tout prêt* à aller dans une nouvelle école. Tu te rappelles que je suis quelqu'un qui-veut-tout-savoir-sur-tout. Je me sentais agité, perturbé et terriblement angoissé.

Papa et Maman nous surveillaient très attentivement. Pas pour vérifier qu'on ne faisait pas de bêtises mais pour s'assurer qu'on était heureux et qu'on n'avait pas trop de signes d'inquiétude, d'angoisse ou de stress d'avoir été envoyés de l'autre côté du monde, comme Maman me l'a dit plus tard.

Chaque fois qu'on riait, je pense qu'elle devait se sentir soulagée.

Partie II *On est submergés*

Chapitre 9 Début de la nouvelle école deux semaines seulement après notre arrivée en France

En France, le premier jour de reprise de l'école après les grandes vacances d'été a une grande importance : ça s'appelle *la rentrée*. On a commencé l'école avec deux semaines de retard ce qui était dommage, parce que je pense que cela aurait été bien pour nous de découvrir toutes les choses nouvelles avec les autres enfants de l'école.

Étrangement pour moi, j'étais à un quart excité d'aller dans une nouvelle école (mais à trois quarts terrifié) parce que je savais que je pourrais y rencontrer des garçons avec lesquels je pourrais m'amuser et qui pourraient devenir mes amis. Mes amis en Nouvelle-Zélande me manquaient et j'avais vraiment besoin de nouveaux amis. Je ne savais pas comment j'allais faire, tu sais, *pour me faire de nouveaux amis*, alors que je ne pouvais parler à personne et qu'ils ne pouvaient pas me parler eux non plus.

Peut-être que j'aurais pu prétendre être M. Bean. Dans un film, il voyage en France, et il ne comprend rien. Il peut seulement dire *oui*, *non* et *gracias* ; et c'est tout !

Eh bien, c'est à peu près tout ce que je connaissais en français moi aussi, seulement je ne savais même pas quand employer ces mots et j'espérais n'avoir pas autant d'ennuis que M. Bean.

Le matin de notre rentrée, nous sommes arrivés tous ensemble, et Maman est restée un peu avec nous.

Jusqu'à présent, ça va bien, pensais-je. Je ne pique pas de crise, bien qu'il me semble que j'ai le ventre qui grouille, et qu'il me semble avoir envie de vomir tout le temps.

« Au revoir les enfants. Soyez braves, » dit Maman. « Passez une bonne journée. À dans *huit heures.* » Elle s'étranglait un peu et je pensais qu'elle allait pleurer.

J'ai remarqué qu'aucun autre parent ne restait avec leurs enfants. Ils leur faisaient tous des bisous, puis partaient.

« Quoi ? Qu'est-ce qu'un *bisou* ? » Tu ne sais pas ? C'est typiquement français. C'est une bise sur chaque joue pour dire *salut* ou *au revoir*. En vérité, c'est plutôt un rapide coup de bec et vraiment ça ne ressemble pas à un bisou tendre d'amoureux. On ne fait pas de bisou à tout le monde ni à chaque fois, et les règles de quand on le fait ne sont pas très claires.

Alors, je suis allé trainer autour d'une partie de basket juste pour regarder. Je ne voulais pas encore y participer. Je me souviens avoir vu un garçon qui venait à l'école habillé avec une tenue entière des *All Blacks*. Super ! (Les gens à Toulouse aiment le rugby, comme nous.)

Une chose que j'ai remarquée c'était que lorsque tu es dans un endroit nouveau et inconnu, tu deviens *hyper-sensible* aux bruits, aux odeurs, aux gens, aux situations, aux sensations autour de toi. C'est comme si ton corps était *tout le temps* sur le qui-vive et que tu attendais l'attaque de l'ennemi à n'importe quel instant ou quelque chose comme ça. Mais c'était peut-être juste moi car pour Olivia tout semblait aller bien.

Et j'étais vraiment conscient que j'étais le nouvel enfant à l'école et que je ne connaissais personne. Les paroles de mes parents ne cessaient de se bousculer dans ma tête, « C'est une aventure. Une grande aventure familiale, » j'essayais de me dire.

Mais pour moi, cela ne ressemblait pas à une aventure ; plutôt une sortie dans l'espace avec aucune corde de sécurité, et un manque d'oxygène dans ma bouteille. AU SECOURS !

En vérité, une chose qui m'aidait un peu, c'était que les enfants ressemblaient à ceux de

Nouvelle-Zélande et n'étaient pas habillés trop différemment de moi. Je remarquais qu'il y avait beaucoup d'enfants dont la peau était plus sombre que la mienne (peut-être originaire d'Afrique), et beaucoup de garçons avaient les cheveux longs. Olivia disait qu'elle remarquait que les filles étaient assez petites, et qu'elle semblait être l'une des seules enfants avec des cheveux blonds.

Comparé aux enfants de Nouvelle-Zélande, il m'a semblé que certains des enfants français avaient besoin d'aide pour le brossage de dents, parce que j'ai vu pas mal d'enfants avec des dents sales ou tachées dans la cour. Ou, alors, je me demandais, peut-être ils n'avaient pas de brosses à dents en France, ou peut-être ils ne pouvaient pas s'en acheter ? Ou bien, c'était peut-être à cause de ces bonbons que beaucoup d'enfants mangeaient sans arrêt pendant les recréations ?

Soudain, la journée était terminée. Je ne me souviens pas du tout de ce qui s'est passé à l'école ce jour-là, parce que j'étais complètement ahuri. Je détestais ne pas connaître les règles et ne pas comprendre ce qu'on disait.

À un moment, je suis allé dans la classe des petits pour essayer d'apprendre le français, mais c'étaient des bébés (six ans) et moi, j'avais huit ans et demi ! Quel scandale ! Olivia ne semblait pas trop s'en faire parce qu'elle n'avait qu'un an de plus que les autres, et souviens-toi, Olivia aime tout et tout le monde.

Chapitre 10 Effondrement : la première fois

Mais le second jour à l'école a été terrible. Honnêtement.

Ce matin-là, quand ça a été l'heure d'aller à l'école, je me suis mis à pleurer. Bon, c'était plus comme des pleurs, des sanglots et des cris. Soudain, je me suis rendu compte que cette nouvelle école/ce nouveau pays/cette nouvelle langue c'était beaucoup trop grand pour moi, et que je ne pourrais pas y arriver. Je n'arriverais pas à me faire des amis, avec mes blagues, je ne pourrais pas jouer avec les autres enfants, leur montrer mes cartes de rugby trouvées dans les paquets de céréales, je ne pourrais même pas leur demander le chemin des toilettes !

Maman nous avait acheté beaucoup d'auto-collants sur la Nouvelle-Zélande pour offrir aux enfants de notre nouvelle école, mais je ne voulais pas le faire parce que je ne connaissais pas les enfants gentils.

J'ai pris une décision.

« Je ne retourne PAS dans cette école ! » dis-je, en gémissant. « Tu ne peux pas m'obliger ! C'est nul ! C'est trop dur ! Je reste à la maison ! » J'étais absolument sérieux.

Papa devait partir à l'université, et Maman est restée avec nous trois - avec un concert de pleurs et de gémissements. Maman a dû essayer tout et n'importe quoi pour me faire monter dans la voiture.

« Mon Matthew, on savait tous que ce serait difficile au début, mais ça ira mieux après, » disait-elle pour me calmer.

« Il faut être patient, donner du temps au temps, et les choses s'amélioreront, » me câlinait-elle.

« Tu peux y arriver Matthew ; tu es un grand garçon, intelligent, gentil, » disait-elle pour me motiver.

« Allez, Matthew ! Allez ! Monte dans cette *[mot censuré]* voiture ! Elle s'est faite plus sévère. Elle était prête à me mettre de force dans la voiture ou peut-être à m'abandonner quelque part pour le reste de ma vie.

Papa et Maman avaient tous les deux été dans de nouvelles écoles quand ils étaient petits. Maman m'a dit plus tard qu'elle savait que c'était dur, mais elle savait aussi que je n'y arriverais pas si je n'essayais pas. Elle était dure avec moi pour mon bien, à ce qu'elle disait.

(Mais je dois faire remarquer que Maman n'a pas commencé l'école dans *un autre pays*, et dans *une autre langue* ?!)

Malgré sa pression, je suis resté ferme.

« Non, Maman. Tu ne peux pas m'obliger à retourner là-bas. Je n'irai pas ! »

Je peux être très têtu quand je suis angoissé.

« OK, mon chéri, je te comprends, » m'a-t-elle-dit, d'une façon plutôt surprenante, en changeant soudain de tactique.

« Et si tu prenais un petit verre de jus de fruit. Tu sais, celui qu'on a pris pour le dîner. Peut-être, qu'un petit verre ça t'aiderait à te calmer ? Je vais t'en chercher un. »

Elle a servi le jus et elle me l'a tendu, en me disant, « Quelquefois, il suffit de faire quelque chose d'un peu différent quand on est bouleversé pour changer d'idée… »

Eh bien, je n'allais *pas* jouer à ce petit jeu avec elle. Tout ce que je voulais, c'était hurler et crier, alors j'ai jeté ma tête en arrière et je me suis éloignée d'elle. Le jus de fruit à éclaboussé mon visage, mes cheveux et mes habits, et Maman aussi.

« Yaaargh ! On est tout sale ! » j'ai crié, vraiment embêté de ce que j'avais fait.

Mais ce qui est drôle c'était comme de faire peur à quelqu'un qui a le hoquet, soudain il ne l'a plus. Eh bien, le verre renversé a eu le même effet sur moi, et ça m'a distrait de mon état de panique et tout ce que je voulais c'était enlever ce jus de fruit. Je ne voulais *pas* sentir le fruit de la passion et de la mangue toute la journée, c'est sûr.

On m'a nettoyé et Maman s'est changée elle aussi. Puis, on a tous grimpé dans la voiture et on est parti pour l'école. J'étais plus calme et apaisé, mais j'étais quand même un peu stressé à l'idée d'être en retard.

« OK Maman, » dis-je, me rendant compte, avec un sentiment de désastre inévitable, que je ne pourrais pas me sortir de cette terrible situation. « Je vais essayer *un jour* encore… »

Pendant la récré, Olivia s'était mise à pleurer puis s'était arrêtée. Un groupe de filles s'était rassemblé autour d'elle le premier jour, aussi elle se sentait mieux que moi. Edward ne commençait l'école que dans deux ou trois jours, comme ça il avait plus de temps avec Maman à la maison (le veinard). Quand il pleurait, c'était par solidarité avec moi, je pense.

Chapitre 11 Les premiers jours à l'école

Au bout de quelques jours, j'ai commencé à me faire des amis.

Ha ! Mouaip ! Du moins je l'espère !

Certains enfants essayaient de m'inclure dans leur groupe mais je ne pouvais pas me joindre à leurs conversations, et j'avais peur. C'était vraiment bizarre d'entendre une nouvelle langue pour la première fois. Ça ressemblait à un flot continu de bruits de bébés, attachés les uns aux autres. On ne pouvait pas dire quand un son ou un mot commençait, ou s'arrêtait. C'était un miracle que quelqu'un comprenne quelque chose là dedans !

Était-ce possible de *commencer* à comprendre une telle chose ? Je me le demandais avec désespoir. J'étais conscient d'être dépassé et de tomber dans des eaux profondes.

Quelqu'un avait dit à notre famille, avant notre arrivée en France, que *le jeu est une langue universelle* et que nous les enfants nous n'aurions aucun problème à l'école. Eh bien, ils avaient drôlement raison. Quand on voyait un ballon, tout le monde savait l'envoyer aux autres ; on n'avait pas besoin de discuter les règles pour savoir comment donner un coup de pied. Ça, je saurais le faire. J'aimais que les animateurs me fassent participer à leurs jeux - basket, et tout - pour que j'aie quelque chose à faire, mais je n'étais pas vraiment fan de basket.

Mais, attends une minute : qui sont donc *les animateurs* ? Je t'entends me le demander.

La première chose cool que j'ai remarquée à l'école, c'est qu'il y a des garçons et des filles (âgés d'environ une vingtaine d'années) qui organisent un programme avant, pendant et après l'école, appelé le CLAE. Ils sont là et jouent beaucoup avec nous.

Personnellement, je crois que la plupart d'entre eux sont choisis pour leur talent à CRIER TRÈS FORT À TRAVERS LA COUR parce qu'ils sont vraiment terriblement, très forts pour crier ; même les filles, ce qui m'a beaucoup impressionné.

Les jours d'école étaient très, très longs (de 9h00 du matin à 17h00), et on devait manger à la cantine avec les autres enfants à midi. Maman pensait que ce serait excellent parce que nous devrions goûter toute sorte de nourriture française (et qu'elle n'aurait pas besoin de préparer notre repas chaque jour comme elle devait le faire en Nouvelle-Zélande). On avait deux heures pour la pause déjeuner : une heure pour s'asseoir et manger notre repas composé de trois plats, et l'autre heure pour aller jouer.

Quand je rentrais à la maison, j'étais à cran, épuisé.

Toutes ces choses nouvelles chamboulaient ma vie équilibrée de je-veux-tout-savoir-sur-tout. Je pleurais beaucoup à la maison et j'étais méchant avec tout le monde. Je lisais tous les livres en anglais qu'on avait apportés de Nouvelle-Zélande *(Bear Grylls, Zac Power, Harry Potter, Percy Jackson, Captain Underpants)* parce qu'au moins c'était quelque chose que je savais bien faire. On m'avait toujours dit que, j'étais un enfant intelligent, et maintenant il me semblait que j'étais le plus bête.

Quelquefois, il me semblait que ma gentille maîtresse ne savait pas quoi faire avec moi. Je ne voulais pas parler. Pour te dire la vérité, je ne voulais même pas *essayer* de parler parce que j'avais peur qu'on se moque de moi. (Parfois les enfants se moquaient de moi quelquefois et cela m'empêchait d'essayer.)

« Mais Maman, *j'essaie* d'être brave. C'est juste très dur, » je lui disais le soir.

Et puis une chose horrible est arrivée. Je pense que Maman et Papa en avaient parlé, et j'en avais déjà vu, mais je n'étais pas prêt à ce que cela m'arrive à moi. Des filles voulaient me faire des bisous ! C'était très bien pour leurs parents, mais pas pour moi ! Oh non ! Je me suis plaint plusieurs fois à mon père que les filles voulaient m'embrasser.

« Comment dit-on en français : *Arrête de m'embrasser ; je n'aime pas ça !* » Je suppliais Papa de me le dire. Il a ri et a dit quelque chose du genre, « Mon fils, tu es encore un peu jeune pour apprécier, mais un jour tu adoreras. »

Dégoûtant ! Dire que les pères et les fils sont censés être dans la même équipe !

À propos de Papa, je vais te dire ce qu'il faisait. Il était le plus âgé de sa classe à l'École d'Économie de Toulouse, (à l'Université de Toulouse 1 Capitole). La plupart des étudiants étaient très jeunes, tandis que Papa était le seul de sa classe à avoir trois enfants et beaucoup de gris dans la barbe. Il s'est mis à s'habiller comme un étudiant aussi : un jean chaque jour, avec un t-shirt, et des baskets. Maman était un peu embêtée parce qu'elle avait l'habitude de le voir chic et élégant en costume.

Il s'est même fait une coupe de cheveux française. Eh oui, il a demandé au coiffeur de lui couper les cheveux *comme un Français.* Heureusement, le coiffeur a compris son français.

Il a été très occupé le premier trimestre à l'université, mais on espérait que ça s'améliorerait ensuite. Eh bien, non.

Les second et troisième trimestres on été même pires, et je pense que Maman a oublié à quoi Papa ressemblait. Le soir, après le diner et nous avoir mis au lit, il étudiait, jusqu'à minuit pour passer du temps avec nous, au moins les week-ends.

Chapitre 12 La vie dans un état brouillard

« LES ENFANTS, ARRÊTEZ DE BAVARDER ET ÉCOUTEZ MOI. MAINTENANT ! »

Tu sais que j'ai dit que les animateurs pouvaient crier ? Eh bien, certains maîtres ici PEUVENT CRIER VRAIMENT FORT AUSSI ! En fait, ils crient davantage que ce à quoi nous étions habitués. En Nouvelle-Zélande, crier est très agressif, tandis qu'ici ça semble normal de crier.

Papa pense que cela est dû au tempérament méditerranéen des Français - expressifs et passionnés. Je crois que ça leur plait ou peut-être que quelqu'un leur a dit une fois qu'ils ont une belle voix quand ils crient. Mais une fois qu'ils ont crié un moment, ils sont gentils à nouveau.

Il faut être vraiment poli et respectueux avec les maîtres. Les regarder en face et dire *Bonjour* chaque jour. N'oublie pas !

C'est la grande différence que j'ai trouvée en France et qui me semblait vraiment difficile dans la classe des petits où j'essayais d'apprendre le français. La maîtresse CRIAIT beaucoup plus que ce à quoi j'étais habitué. La plupart du temps c'était quand les enfants faisaient des bêtises, mais j'étais habitué aussi à une ambiance paisible pour apprendre (et aussi au silence inquiétant et aux calmes réprimandes de ma classe Montessori en Nouvelle-Zélande), et ceci était *tout à fait* différent.

On n'appelait pas nos maîtres par leur prénom non plus, comme on le faisait en Nouvelle-Zélande. C'était soit *maître* pour les hommes ou *maîtresse* pour les femmes. Maman disait qu'on avait cessé de faire ça en Nouvelle-Zélande il y a cinquante ans, mais elle disait que c'était bien d'être si poli.

J'allais dans ma classe habituelle chaque jour (CE2), je m'asseyais et j'écoutais. Je commençais à reconnaître certains mots, comme *oui* ou *non*, mais la maîtresse parlait si vite que c'était presque impossible même d'entendre ces mots quelquefois. Je me sentais tellement stupide. J'avais un dictionnaire français-anglais sur ma table et je cherchais quelquefois un mot ou j'utilisais l'ordinateur pour vérifier une traduction. Je reconnaissais mon nom, même si cela semblait un peu différent quand ma maîtresse disait, *Mah-tieu* (et pas *Math-ewe*).

En fait, mes parents nous avaient envoyé ma sœur et moi à l'Alliance Française prendre une heure de leçon de français chaque semaine quand on était encore en Nouvelle-Zélande. L'Alliance Française est une école internationale de français et il y en avait une à Wellington. On y allait en autobus le jeudi après l'école. Edward était trop petit pour y aller mais Maman et Papa pensaient que cela nous donnerait à nous les grands, un peu de vocabulaire à utiliser quand on arriverait en France, ou au moins cela nous familiariserait avec des sons français. Je ne sais pas si ça m'a beaucoup aidé parce que je ne me rappelais rien d'une semaine sur l'autre (sauf peut-être *Bonjour*, A*u revoir* et *Bonne nuit*). Olivia pouvait se rappeler beaucoup plus de mots que moi.

Je me rappelle que je jouais, je buvais des jus et mangeais des pâtisseries en demie-lune, appelées *croissants*, et me cachais sous les tables pendant qu'Éloïse, notre maîtresse, disait les mots français, pour les objets, les couleurs ou autre chose. Moi, j'aimais juste manger des croissants.

Maman aimait écouter un CD français sur le lecteur de la voiture chaque fois qu'on allait quelque part à Wellington. Elle apprenait alors le français, et quelqu'un d'intelligent lui avait dit qu'on pouvait apprendre beaucoup en chantant dans une autre langue. Pour moi, cela ne marchait pas. Et, Maman n'apprenait que les paroles des chants en anglais. Ha !

Mais ici en France à l'école, je passais la plupart du temps à dessiner des réseaux routiers suspendus ou alors je lisais *Harry Potter* en anglais, ça ne ressemblait pas à : apprendre le français. La maîtresse avait beaucoup de choses à faire et elle ne pouvait pas s'occuper de moi tout le temps.

Je me mettais en colère quelques fois, et parfois je faisais une crise de colère impressionnante. Je me surprenais moi-même.

Une fois, quand on revenait à la maison depuis l'école, je me suis cogné un peu l'orteil. Je voulais que Maman s'arrête et s'occupe de moi, mais elle devait se dépêcher d'aller à la maison avec Edward (parce qu'il avait *vraiment* envie d'aller aux toilettes et *tout de suite* !). J'étais fou de colère.

« Tu ne m'aides *jamais* quand j'en ai besoin ! Tu aides *toujours* les autres. Tu m'ignores ! Tu ne m'aimes pas ! En fait, TU NE VEUX MÊME PAS DE MOI DANS CETTE FAMILLE ! » Je criais sur elle très fort dans la rue. Moi aussi, je peux crier très fort, tu sais !

Pour la punir d'être si méchante, je me suis caché pendant une heure entière dans des buissons très touffus sur le coté de la route. Maman a commencé à s'énerver de mon attitude, et avec Olivia et Edward, elle est revenue dans la rue pour me chercher. Ils m'appelaient, je pouvais les voir et les entendre, mais comme j'étais encore très en colère je restai sans bouger. En colère, entêté et calme…

« Matthew, je sais que tu m'entends. » Elle bluffait. Olivia, Edward, et elle m'ont appelé pendant des siècles. Puis Maman a dit, « On va dîner bientôt. Reviens à la maison quand tu seras prêt. »

Eh bien, après une demi-heure, j'en ai eu marre et j'avais très faim aussi. Donc, je suis rentré à la maison, et je me suis présenté à la porte comme si c'était normal, comme Papa qui revient après une longue journée à l'université.

« Salut Maman, » dis-je.

J'ai dû faire un peu peur à Maman mais elle ne l'a pas montré.

« Oh, salut Matthew, » répondit-elle, calmement.

Hmmmm, je pensais ; c'était vraiment un peu *trop* calme pour Maman.

Après le dîner, on a eu une petite discussion.

« Matthew, mon chéri et mon trésor le plus précieux, » a-t-elle dit avec son ton bien à elle. « Je comprends qu'en ce moment tu te sentes frustré à propos de certaines choses, mais je préférerais que tu te caches dans ta chambre la prochaine fois, plutôt que dans la rue. Au moins, je saurai où tu es quand tu te cacheras. »

C'était bizarre, mais j'avais trop envie de pleurer pour dire quelque chose.

Puis, elle m'a embrassé très fort et m'a dit qu'elle m'aimait et qu'elle était vraiment fière de moi.

« Moi aussi. Je t'aime Maman, » dis-je. Je ne voulais pas que ce câlin s'arrête.

Plus tard dans le mois, on a eu avec d'autres écoles de la région, une journée de sport consacrée à des courses. On devait courir pendant un temps qui semblait interminable. C'était affreux. Je suis arrivé avant dernier, juste devant le garçon qui avait mal à la jambe. Zut ! (En plus, je pensais que ce garçon avait bien couru pour arriver à finir la course.)

Mon image était complètement détruite. Et j'étais si essoufflé que je pouvais à peine respirer ou parler. Ils ne savaient pas que j'étais bien meilleur en sprint plutôt que dans ces courses sans fin : aller en haut de la colline, suivre la piste, traverser le ruisseau, passer sous les arbres et recommencer ??

« Vas-y Matthew, tu peux le faire ! » criait Maman, alors qu'elle faisait le dernier parcours avec moi.

La plupart des garçons français couraient comme des fusées, moi je ne savais même pas la distance que je devais courir, parce que je ne connaissais pas les règles. À la fin, je ne pouvais plus parler et j'avais mal partout.

« Maman, » lui ai-je expliqué plus tard. « J'aurais beaucoup mieux réussi si j'avais su la distance. Mais je ne comprenais pas ce que disait le type avant la course. Il parlait encore cette stupide langue française ! »

Je me sentais vraiment mal. Si seulement j'avais pu prendre mon vélo je les aurais tous battus !

Chapitre 13 *Le premier trimestre à l'école, essayant d'apprendre le français*

Un jour Maman bavarda avec la gentille dame française (l'ange), Patricia, qu'on avait rencontrée auparavant.

« Patricia, savez-vous s'il y a quelque chose à faire pour aider les enfants à apprendre le français et à s'adapter ? La vie est difficile pour eux, surtout pour Matthew. Ils auraient besoin d'un peu d'aide. »

Et tu ne le sais pas, mais Patricia *par chance* était une maîtresse qui allait dans les écoles pour aider les enfants en difficulté. Ainsi, après un premier trimestre de désordre complet, Olivia et moi on est allés voir Patricia une fois par semaine, le vendredi en fin d'après-midi.

Mais je détestais ça. Désastre et ténèbres encore, et je n'arrivais pas à voir la lumière au bout du tunnel dont Papa ne cessait de parler.

« Maman, » j'ai déclaré un jour avec colère après l'école. « Je sais que je n'ai pas droit de dire *débile* mais ce que je fais avec Patricia est débile. Je ne comprends rien, et plus elle me parle français, moins je comprends. Je n'apprends rien. »

Patricia essayait de jouer avec moi, et bien sûr elle parlait seulement français avec moi. Elle n'arrêtait pas de me poser des questions comme si je comprenais ce qu'elle me disait. Elle ne semblait pas comprendre que je ne comprenais pas (ou peut-être elle pensait que soudain je comprendrais ?).

Olivia, pour une raison inconnue, pouvait comprendre certains des mots ou des phrases, tandis que moi je n'entendais que du charabia. Comment diable y arrivait-elle ?? Une fois de plus, j'ai dit à Maman, « Je n'y retourne pas ! » en espérant que cette fois elle m'écouterait.

« Vraiment, je ne veux pas être en France. C'était tellement plus facile en Nouvelle-Zélande avec tous mes amis. Ça me manque terriblement d'être un garçon intelligent. Ici tout le monde pense que je suis un imbécile ! Je déteste ça ! »

Bien sûr, Maman m'a demandé d'y aller quelquefois encore. J'ai été vraiment très surpris quand, au bout de quelques temps, même Patricia a été d'accord pour dire que cela ne marchait pas avec moi, et j'ai arrêté de devoir y aller ! Super !

« Madame Meade, » a dit Patricia un jour au téléphone à Maman. « J'ai essayé autant que possible avec Matthew, mais il ne semble pas vouloir travailler. Oui, il n'essaie pas, il ne me parle même pas, il a mis une barrière entre nous et je ne sais pas comment l'enlever. »

—Oui, j'ai pensé.

Elle a bien compris. Maintenant, ça va aller mieux, car je ne verrai plus Patricia. Elle était vraiment gentille, mais je ne pense pas que j'avançais beaucoup, c'est sûr.

Mais un jour Maman a eu d'autres idées.

—Oh non ! Pas encore, une autre bonne idée Maman ! ai-je pensé.

Maman m'a fait essayer le programme de soutien à Ramonville St-Agne, spécialement fait pour les enfants qui ont besoin d'aide pour leurs devoirs. J'y suis allé environ trois fois.

La seconde fois, la gentille dame qui devait m'aider, n'a pas réussi. Ainsi, une autre volontaire s'est proposé de m'aider. Je ne sais pas ce qu'elle attendait de moi mais j'étais tellement en colère contre elle que j'étais prêt à partir de la salle en courant.

« C'est exactement ça qui ne m'aide pas, Maman, » ai-je protesté en essayant d'expliquer la situation à Maman, qui rodait derrière. « Cette dame s'attend à ce que je connaisse des choses qu'on ne m'a pas apprises et cela ne m'aide *pas du tout* à apprendre ! »

J'étais dans une colère monstre. Et alors je me suis mis à pleurer, bien qu'elles essayaient de me distraire avec des petits gâteaux. En temps normal, ça aurait marché merveilleusement. Mais pas ce jour-là.

Tout dans la langue française est basé sur l'apprentissage des verbes (les mots d'action, comme courir, marcher, manger, tousser, éternuer, et tout) et comment les fins de verbes changent selon la personne qui fait la chose, et quand, elle le fait.

En repensant à tout ça un peu plus tard (maintenant que je suis plus âgé), je me rends compte que cette dame bénévole avait pu être en colère contre moi parce que je ne connaissais pas mes verbes et quoi en faire. Peut-être qu'elle n'avait jamais rencontré quelqu'un comme moi qui ne parlait pas français. Peut-être qu'elle ne se rendait pas compte que je venais d'un autre pays lointain, très lointain. Un pays où on apprenait notre langue d'une façon complètement différente.

« Et c'est quoi *un verbe*, à la fin ?! » me demandais-je désespéré.

Chapitre 14 Mais pourquoi diable ne suis-je pas allé dans une école anglophone en France au lieu d'être totalement immergé dans une école française et, contre ma volonté, forcé d'apprendre une autre langue ?!

J'ai été *vraiment furieux* contre mes parents quand j'ai découvert que j'aurais pu aller dans une école internationale où tout était enseigné en anglais. J'aurais même pu aller dans une école Montessori bilingue à Labège, pas très loin de Ramonville St-Agne, où on parlait à moitié anglais et à moitié français. Pourquoi diable *n'avait-on pas fait ça* ?!

Eh bien, ces écoles sont *vraiment* chères. Pour la plupart des enfants qui y allaient, tous les frais étaient payés par la société où leurs parents travaillaient (les familles d'expatriés), ou ils étaient vraiment riches, ou les parents ne voulaient pas que leurs enfants perdent leur anglais, ou des tas d'autres raisons.

« Notre situation est un peu différente, Matthew mon chéri, » dit Maman un jour. « Papa est étudiant maintenant, donc malheureusement nous n'aurons pas les moyens de payer cette école. »

—Oh, ALLEZ ! ai-je pensé. C'est ça la raison ? C'est nul !

Mais le plus important, c'est que Papa et Maman disaient qu'ils voulaient absolument qu'on ait tous une vraie expérience française et qu'on ne reste pas collé à des gens qui parlaient seulement anglais. Et même si aucun d'entre nous ne parlait bien français, Maman et Papa pensaient qu'une *immersion totale* (ce qui veut dire nous-jeter-au-fond-de-la-piscine-pour-nous-forcer-à-apprendre-à-nager) serait une façon rapide et efficace d'apprendre la langue, même si ça pouvait être un peu difficile *au début…*

« Si nous allons en France, c'est pour avoir une expérience aussi riche que possible. Ça veut dire apprendre le français, vivre et se mélanger avec les Français. Ça sera épatant ! »

Ils le disaient d'un ton vraiment motivant, pour essayer de nous rassurer.

« Et si on vit là où vivent tous les expatriés anglophones, on n'aura pas l'occasion de connaître tant de français. Ça serait quand même la honte. »

Avant d'arriver en France, Maman et Papa avaient parlé à des gens qui avaient vécu en France avec des adolescents pendant quinze mois. Ils nous avaient beaucoup aidés, surtout pour Maman et Papa quand même.

« Les enfants qui vont dans des écoles anglophones en France peuvent quelques fois finir par être un peu perdus, et se demander où ils sont : en France ou dans le pays de leur langue maternelle : Angleterre, Amérique ou Nouvelle-Zélande, et tout ? Sur quel pays ou sur quelle langue doit-on se concentrer, et pourquoi ? »

Ils continuaient. « On a vu nos propres enfants s'adapter si bien au système scolaire français, on pense que l'immersion totale est vraiment une idée à prendre en considération. Ce sera sûrement dur au début mais les enfants sont jeunes. Maintenant, c'est le bon moment pour eux. Et ça ne sera pas un supplice prolongé d'apprendre une nouvelle langue. Une fois, notre fille a pris un livre avec elle pendant des vacances qu'on passait en France, et il lui plaisait beaucoup.

Ce n'est qu'au milieu du livre, qu'elle s'est rendu compte qu'il était en français. On était en France depuis seulement sept mois. Si elle a pu le faire, vos enfants pourront certainement le faire ! »

« Oui, l'immersion totale dans une école française, ça vaut vraiment la peine d'y penser. »

Chapitre 15 Comment faisait Olivia ?

Eh bien, Olivia a un côté artiste, elle aimait apprendre à écrire en cursive (l'écriture démodée où les lettres se joignent comme votre grand-mère le faisait et que presque tout le monde utilise ici, sauf moi). Elle passait des siècles à recopier des choses, surtout son nom. Elle aime aussi danser, mais bon elle ne le fait pas à l'école.

Et *surtout,* Olivia a une oreille musicale d'après Maman (bien que son oreille ait l'air normal selon moi), elle aime chanter et fredonner. Elle est toujours en train de siffloter quelque chose. Papa dit que lorsque les Français parlent on dirait qu'ils chantent, je pense qu'Olivia les imite un peu.

Il y a des experts quelque part qui disent qu'il est plus facile pour les enfants d'apprendre une nouvelle langue *avant* leurs huit ans. Raté pour moi ! Mais pour Olivia et Edward c'était le bon moment.

Olivia dessinait beaucoup en classe et elle écoutait beaucoup. Elle était très calme, les autres filles s'occupaient gentiment d'elle, ne se moquaient pas d'elle, et elle semblait apprendre plus vite que moi. À l'école elle n'était pas au même niveau, donc on ne s'attendait pas à ce qu'elle sache autant de choses que moi.

Quelques fois, elle pleurait un peu la nuit et d'autres fois, elle se mettait en colère ; elle criait et hurlait et lançait des objets à travers sa chambre !

« Yaaarh ! » elle criait et elle hurlait. « Je ne t'aime pas Maman ! Je ne t'aime pas Papa ! LAISSEZ…MOI…TOUTE SEULE ! »

On aurait dit un animal sauvage.

Même si Olivia est une fille très gentille, elle peut sombrer dans des humeurs très, très noires, dont on ne peut pas la faire sortir même avec des chatouilles.

Quand elle était petite, elle gravait même sur son bureau à la maison *I don't like you anymore, Mum* (Je ne t'aime plus, Maman), et elle signait *from Matthew (*Matthew), comme si c'était moi qui l'avait écrit ! C'était terrible !

Papa disait que quelquefois le visage d'Olivia devenait sombre, comme les gros nuages qui annoncent l'orage et qu'on devait attendre que ça passe ; on ne pouvait pas la mettre de bonne humeur, *pas du tout.*

Pour moi, quand j'étais grognon, Maman et Papa lançaient : « Ne souris pas, Matthew ! » et alors je rigolais et je me roulais sur le sol, essayant de ne pas faire pipi dans mon pantalon. Ou pire encore, Papa utilisait son arme secrète et se transformait en *monstre chatouilleur* et il me chatouillait sans pitié jusqu'à ce que je cède et que je me mette à sourire.

Et puis, en France, Maman a commencé à laisser Olivia revenir à la maison pour le déjeuner, pour qu'elle ait une pause. Elle retournait à l'école ensuite, après le déjeuner. Olivia trouvait que la cantine était trop bruyante, et parfois elle avait besoin d'un peu de calme.

La pauvre Olivia s'est mise à avoir des migraines, et elle se sentait mal jusqu'à vomir, après elle se sentait mieux. Et la chaleur lui a provoqué parfois d'impressionnants saignements de nez.

Une fois, Papa a reçu un coup de téléphone de l'école lui demandant de venir chercher Olivia parce qu'elle avait du sang sur les genoux (*the knees* en anglais), c'est ce que le maître disait *selon lui* (le maître employait un mélange d'anglais et de français pour parler à Papa). Mais ce qu'il disait réellement était « Olivia a du sang sur son nez » (*nose* en anglais, et *nose* ressemblait à *knees* au téléphone). Elle saigne du nez !

Olivia et moi, on trouvait les mathématiques plus faciles que le français - probablement parce que les nombres étaient les mêmes, même si on les appelait différemment. Quel soulagement de trouver *quelque chose* que je pouvais presque comprendre. C'était beaucoup plus facile d'apprendre les noms des nombres que tout le nouveau vocabulaire, les règles de grammaire et les terminaisons des verbes. Et même Papa, avec son mauvais français pouvait m'aider pour les mathématiques.

En fait, une fois qu'on connaissait les nombres on pouvait calculer l'heure. Les Français utilisent le système basé sur 24 heures, ce qui va bien jusqu'à midi. Après quand il est *une heure* de l'après-midi, on dit 13h00 ; *quatre heures* de l'après-midi, c'est 16h00 ; et *huit heures trente* du soir c'est 20h30.

Youpi ! Je pouvais comprendre *cela*.

Quand Olivia a fêté ses sept ans en décembre, elle a invité beaucoup de petites filles françaises. Elles ont fait surtout des dessins au début. Elles s'appelaient Ludivine, Lola, Céline, Brigitte, Alicia, et Gabrielle. J'ai entendu Olivia essayer de leur parler en français, ce que je trouvais incroyable. Papa et Maman étaient très impressionnés aussi, disaient-ils.

Elle était un peu triste après la fête.

En fait, les filles ont trouvé à un moment sa cachette de Barbies et elles n'ont plus voulu jouer à *pass the parcel* (un peu comme le jeu du facteur) ou aux statues musicales. Elles n'avaient probablement jamais vu autant de Barbies dans un même endroit.

Je pense qu'à ce moment là, Olivia voulait vraiment revoir ses amies de Nouvelle-Zélande.

Chapitre 16 Et que devient Edward ?

En maternelle, Edward suivait les autres enfants, il jouait à courir, il faisait de drôles de sons, et n'avait pas réellement besoin de parler français.

Maman disait que c'était amusant de regarder les petits jouer ensemble. Elle disait qu'ils suivaient une consigne silencieuse pour savoir quoi faire, et où aller après, comme les poissons qui nagent en groupe dans l'océan, créent des formes fantastiques et semblent se déplacer complètement au hasard. Edward ressemblait à un de ces poissons et il se déplaçait avec les autres enfants. Il portait très souvent sa casquette des All Blacks, et les autres enfants devaient sûrement l'aimer.

Il n'arrêtait pas de se plaindre du bruit. Il semblait être perturbé pas les cris et les hurlements des enfants dans la cour de récré, et quelques fois il revenait à la maison avec un mal de crâne. En plus, il y avait une petite fille, Sophie, qui voulait lui faire des bisous et des câlins, peut-être parce qu'elle pensait qu'il se sentait un peu seul.

La maîtresse d'école, Madame Titine et son assistante Marie-Blanche étaient vraiment gentilles, et elles parlaient un petit peu anglais. Madame Titine a dit à Maman que l'école n'était pas obligatoire jusqu'à ce que l'enfant ait six ans, donc au début Edward n'y allait que pour des demi-journées (quelle chance pour lui).

Madame Titine a suggéré à Maman qu'Edward vienne avec la classe pour une visite au zoo. Je pense qu'il s'est senti plus heureux avec les autres enfants après ça, parce qu'il les connaissait mieux. Maman est aussi allée à la sortie. Tout ce qu'elle a pu dire aux enfants pendant la sortie était *Attention !* et *Stop !* mais avec un accent français ; elle a aussi appris certains noms d'animaux, comme *zèbre*, *tigre*, et *hippopotame*.

Après quelques temps, Edward est resté à l'école pour déjeuner et manger la nourriture de la cantine. En fait, l'école lui a plu davantage quand Maman l'a laissé la journée entière. Bizarre ! Marie-Blanche s'asseyait toujours avec lui à la cantine et l'encourageait à goûter *juste un petit morceau* de chaque chose qu'il ne connaissait pas.

« Miam, miam. Betterave, » il disait, ou « Youpi, c'est asperge vinaigrette aujourd'hui ! » ou « Oh Maman, il y a des tomates à la cantine aujourd'hui. *J'adore* les tomates ! » (Il n'est pas du tout comme moi.)

Pendant le premier trimestre, Madame Titine saluait souvent Maman à la fin de la journée avec un regard triste, elle secouait la tête et haussait les épaules.

« Ah Madame Meade. Aïe, aïe, aïe ! C'est très difficile vous savez ; c'est très difficile d'essayer d'expliquer des choses à Edward. Il ne nous comprend pas et nous ne le comprenons pas. Ah oui, *c'est très, très difficile.* »

« Je sais, Madame, c'est *sûrement* difficile, » répondait Maman, avec gentillesse. « Mais chaque jour Edward apprendra un peu plus et sa compréhension va s'améliorer. J'ai confiance en vous. Je suis sûre que vous y arriverez avec le temps. Bonne chance ! Bon courage ! »

On savait que c'était dur pour tout le monde ! Et les maîtres n'avaient pas d'aides supplémentaires pour aider Edward (ou Olivia, ou moi) à apprendre le français. Ils étaient habitués aux enfants qui avaient parlé français depuis le jour de leur premier gazouillis, ou qu'ils ont dit *Maman* ou *baguette*. Les maîtres n'avaient pas plus d'aide que nous : *aïe, aïe, aïe*, c'était sûr ! Et ils n'avaient certainement jamais vu d'enfants néo-zélandais dans leur école avant.

Un dimanche, on est parti se promener dans une ville proche de Toulouse appelée Albi. C'était la première fois qu'on sortait de Toulouse, aussi c'était vraiment intéressant de regarder la campagne qui était différente. J'ai remarqué qu'il n'y avait pas beaucoup d'animaux (vaches et moutons) comme on voyait d'habitude en Nouvelle-Zélande ; plutôt d'énormes champs ouverts avec des cultures ou autres qui poussaient.

Albi, est une ville très chouette et très vieille.

Il y a une énorme cathédrale faite en briques, très imposante et massive au centre de la vieille ville.

Il y avait des sculptures et des peintures extraordinaires à l'intérieur.

Certaines étaient épouvantables - à propos de l'enfer, la mort et la damnation - ce qui n'était pas très beau à regarder, et je pense qu'Edward a eu un peu peur, alors on est sortis.

Et à ce moment là, Edward s'est rendu compte de la taille de la cathédrale. Il a été très, très impressionné, et il en a beaucoup parlé. Plus tard, il a essayé d'expliquer à notre amie suédoise, Elisabeth, comment elle était grande.

« Elisabeth, cette cathédrale était *si* grande. Tu aurais dû la voir ! » disait-il tout excité.

« Vraiment ? » dit Elisabeth. « Elle était grande comment ? »

« Oh, *énorme*. En vrai, elle était plus grande que…(réfléchissant profondément)…*mon corps entier !* »

On est aussi allés dans une ville du nom de Foix.

Il y a un grand château en haut d'une colline au centre de la ville, et on a grimpé jusqu'en haut. C'était notre premier grand voyage sur l'autoroute.

Tu peux rouler jusqu'à 130km/h ! Et cela ne prenait pas longtemps pour y arriver, pas du tout.

On a grimpé une autre colline pour arriver à un autre château (en partie en ruines), mais on avait de super vues sur la ville et les collines tout autour.

C'était cool ! (Et il faisait froid !)

Chapitre 17 Trois mois plus tard : mes ennuis étaient-ils déjà finis ?

On allait bien, seulement, tous les enfants sont malades de temps en temps : pour moi toux et mal au ventre, pour Olivia d'horribles verrues aux pieds, et pour Edward des boutons sur le corps. Quelle horreur ! Papa pensait que c'était parce qu'on avait beaucoup de changements à absorber.

Maman devait nous emmener chez différents docteurs et essayer de se faire comprendre. Elle disait qu'elle se réjouissait d'avance à l'idée du jour où, nous les enfants, serions capables de traduire pour elle.

—Bah oui, je pensais. Comme si cela allait arriver ; selon les paroles de mon-bon-ami-et-héros-vert, *Shrek*.

À la fin, le pauvre Edward a dû voir un spécialiste pour l'aider à guérir de ses boutons. Avec mes maux de ventre, et ma toux, j'ai eu plusieurs jours d'absence à l'école (même s'il semblait que j'allais soudain bien mieux vers 10h00 du matin).

Après trois mois, je me sentais un peu plus heureux que les premiers jours d'école.

Je ne harcelais plus autant Edward, et je ne disais plus beaucoup de choses désagréables à Olivia. Maman disait que j'étais plus serviable et on a commencé à recevoir de l'argent de poche en faisant des petits travaux autour de la maison, ce qui voulait dire que je pourrais acheter davantage de Lego.

On avait un système de récompenses aussi. Si on montrait qu'on faisait des efforts à l'école, on recevait en cadeau quelque chose dont on avait vraiment envie (Lego et un skateboard pour moi). En plus, on avait un capital d'argent avec tous les jouets qu'on avait vendus en Nouvelle-Zélande et on a eu de *temps en temps* la permission de choisir une ou deux choses dans les magasins.

J'ai aussi rencontré les enfants du voisinage et je me suis mis à jouer un peu avec eux. Une fille de ma classe, Lilou, a pris l'habitude de nous rendre visite. Elle me souriait beaucoup et j'espérais réellement qu'elle ne voulait pas aussi me faire des bisous.

Oh non !

Papa étudiait toujours très dur pendant la semaine et on ne le voyait pas souvent sans un manuel scolaire avec lui. Il me manquait vraiment, mais on le voyait au petit déjeuner, au diner, à l'heure du coucher et pendant les week-ends.

Un jour, Maman est revenue de Toulouse en riant. Ce jour-là, trois français différents l'avaient arrêtée et lui avaient demandé leur chemin. Ils pensaient qu'elle était une vraie française ! Elle n'avait pas su quoi leur répondre, elle avait rougi, rit un peu et elle avait essayé de se rappeler comment dire en français, « Je suis désolée mais je ne parle pas français. » Ces gens ont dû trouver cela déroutant c'était comme si moi je disais, « Je ne parle pas anglais » ; *en anglais*.

On est arrivés à la fin du deuxième trimestre à l'école. Et il s'est mis à neiger ! On s'est beaucoup amusés à geler nos fesses, à faire des glissades et à lancer des boules de neige à Papa. Un matin, il devait se rendre à un examen, mais lorsqu'il neige trop tous les trains et autobus sont arrêtés. Il y est arrivé en retard pour voir que le professeur était lui aussi bloqué par la neige quelque part, donc il n'y a pas eu d'examen ; de toute façon, ça a été remis à plus tard.

Il a neigé à peu près trois ou quatre fois la première année. On n'avait jamais réellement vu la neige auparavant et on s'est beaucoup amusés.

Je ne me souvenais pas avoir eu aussi froid aux mains dans ma vie, et je ne savais pas que porter des gants étaient une si bonne idée. Quelquefois, quand il neigeait on ne pouvait pas aller à l'école parce qu'on n'avait pas de chaussures qui ne glissaient pas partout. Et c'était trop dangereux d'y aller en voiture.

Une fois, Maman avait essayé de nous emmener à l'école en voiture mais à peine à mi-chemin il y avait des tas de voitures arrêtées derrière une camionnette qui ne pouvait pas grimper la côte verglacée. On avait dû continuer à pied le reste du trajet jusqu'à l'école en essayant de ne pas tomber.

On peut aussi voir une route par la fenêtre de notre cuisine et certains matins on pouvait regarder les voitures glisser l'une dans l'autre en faisant beaucoup de bruit. Les voitures n'allaient pas très vite, il n'y avait pas de morts ni de blessés (il n'y avait pas de sang, heureusement).

Chapitre 18 Quelques choses qu'on a vues et faites

Puis, on a commencé à faire quelques voyages et visites pour explorer un peu plus les alentours.

En décembre, on est allés à la fête des lumières suédoise, appelée *Sankta Lucia* avec nos nouveaux amis Henri et Julie et leurs enfants Sophie et Tobi, qui étaient à l'école avec nous et vivaient dans la même rue. Je n'étais jamais allé à cette fête auparavant et je dois dire que c'est une fête très bizarre.

Il y avait une fille qui se tenait incroyablement immobile comme une statue avec des bougies allumées sur un cadre posées sur sa tête, pendant environ quarante-cinq minutes, alors que la chorale chantait des chants de Noël. Certaines des petites filles portaient des bougies sur la tête (pour ressembler à des bougies) et se tenaient droites comme des bougies.

Notre amie, Sophie, s'est évanouie pendant la fête (c'était une des chanteuses) et elle a dû aller à l'hôpital parce qu'elle s'était un peu ouvert à la tête et elle a eu besoin de points (oui, il y a eu du sang et j'ai eu du mal à manger les spécialités suédoises ensuite). Mais elle allait bien.

Papa et Maman ont apprécié la fête et ont bu du vin chaud suédois épicé, appelé *glögg*. Les suédois de la fête étaient très gentils et aimables et leur anglais était incroyablement bon, comme s'ils avaient parlé anglais depuis leur naissance. Je les ai entendus parler suédois aussi (en plus du suédois de leurs chants de Noël) et on aurait dit que leur bouche était pleine de soupe. C'était étrange !

À Toulouse, il y a un endroit qui s'appelle Cité de l'Espace. C'est un grand espace où il y a différentes choses excitantes que les enfants peuvent voir et faire, et c'est tout sur l'espace ! Il y a un grand nombre d'industries, d'agences et d'organisations à Toulouse qui travaillent avec l'espace. (Juste entre toi et moi, c'est peut-être un truc *d'espions* !)

C'était super cool ! J'ai conduit un véhicule lunaire, et puis j'ai sauté et rebondi avec une machine de simulation pour marcher sur la lune attachée autour de mon corps.

J'ai même jeté un coup d'œil à l'intérieur d'une vraie station spatiale (bon, c'était la copie d'une machine qui avait voyagé dans l'espace), et dans laquelle les gens se promènent. Super !

On a également vu un spectacle terrifiant sur l'espace en 3D, et on a aussi vu un film qui était au dessus de nous, en dessous de nous et tout autour de nous dans un grand dôme, à propos de la création de l'univers, du temps et de l'espace (et Maman l'a *beaucoup* aimé).

J'ai adoré les films des premières fusées qui tombaient, ou volaient sans contrôle ou qui explosaient en grands ballons de feu - il n'y avait personne à l'intérieur et Maman ne voyait aucune objection à ce que je les regarde.

C'était vraiment épatant de faire toutes ces choses différentes parce que cela me permettait d'oublier comment c'était dur à l'école. On a eu deux visites de Nouvelle-Zélande (tatie Angela et notre amie Katherine), et c'était très agréable de voir des gens qu'on connaissait depuis plus de quelques semaines.

Un jour qu'on avait tous besoin d'arrêter d'apprendre et de stresser, on est allés dans un petit village à l'extérieur de Toulouse pour se changer les idées. C'était un petit village sur la côte Méditerranéenne appelé Collioure. Ça m'a vraiment plu.

C'était trop génial de jouer sur la plage et de trier toutes sortes de cailloux de couleurs différentes. On en a rapporté des tas dans la voiture. Ça a beaucoup plu à Edward. Celui-ci était debout sur les marches et regardait clapoter l'eau. Tout d'un coup, *il a perdu complètement l'équilibre* et il est tombé à plat comme une étoile de mer. L'eau était très froide, et il a beaucoup pleuré. Pauvre Edward.

Et j'ai une image de cette période qui ne veut pas s'en aller de ma tête. Un jour, Maman, Olivia, Edward et moi on était dans la voiture au feu rouge. On était en route pour aller chercher notre autre amie suédoise, Elisabeth, au métro (elle est très gentille et fait de la pâtisserie avec nous. Super !).

Un adolescent avec des cheveux longs et flottants typiques, maigre avec un jean tombant sur son derrière, un *ipod* à l'oreille, traversait la rue aux feux devant nous. Quelques adolescentes ricanaient derrière lui et soudain on les a entendues hurler et pousser des cris stridents comme je n'en avais jamais entendu avant. Le jean du garçon était tombé sur ses chevilles ! On a pensé qu'il allait s'arrêter pour le relever mais il n'a rien fait ! Il a continué à marcher comme si rien ne s'était passé.

Je remarquai qu'il avait un léger sourire sur le visage ; probablement parce que les filles avaient pu voir ses sous-vêtements tape-à-l'œil, et il était probablement ravi d'être remarqué parce que c'est ce que les ados aiment d'après ce que j'ai entendu dire. Il frimait vraiment. Je ne pense pas avoir déjà fait pareil. Si c'était moi, je me serais *vraiment* arrêté et j'aurais relevé mon jean !

En tout cas, je pense que le plus beau voyage fait durant les premiers mois, c'était à un endroit appelé Carcassonne. C'est à environ une heure de route de Toulouse. Je ne savais pas à quoi m'attendre ; Papa avait vu l'endroit quand il y était passé à côté en train il y a quelques années, et voulait y revenir et le visiter avec nous tous.

C'est extraordinaire ! C'est même un site classé au patrimoine mondial, ce qui veut dire qu'il est protégé pour que tout le monde puisse continuer à le visiter et il ne sera pas dégradé. C'est une vieille ville vraiment grande entourée de remparts et on dirait qu'on entre dans un autre monde - *un monde magique* !

Il y a deux murailles qui sont vraiment épaisses et très solides, et il y a beaucoup de fenêtres étroites et longues dans le mur extérieur d'où on pouvait lancer des flèches sur les ennemis qui attaquaient. Ce sont des meurtrières.

Dans l'ancien temps, tous les gens qui étaient protégés par le seigneur local habitaient et travaillaient à l'intérieur de la cité. Et il y a un château et une cathédrale.

Même maintenant, il y a encore des gens qui habitent là, mais je pense que ce sont les gens qui possèdent les magasins touristiques ou les restaurants.

Je suppose que je dois aussi dire que j'ai participé à une pièce de théâtre sur la nativité avant Noël.

Mon personnage était un aubergiste grognon et j'ai dit une ligne ou deux sur un ton très dramatique.

En fait, j'étais *réellement* grognon parce que je pensais être plus célèbre en tant que champion de BMX qu'en tant qu'acteur, et je n'étais pas très content de participer à cette pièce.

Olivia était un ange, *bien sûr*.

Edward était un aide berger avec un petit mouton, et il se contentait de suivre les grands bergers.

Chapitre 19 Le père Noël trouve la France

J'étais vraiment content que le père Noël ait eu notre adresse en France parce qu'au matin de Noël il y avait beaucoup de cadeaux sous notre vrai sapin.

(Et juste pour que tu le saches ; je ne crois plus au père Noël. Je sais que c'est Maman et Papa, mais si ça veut dire recevoir plus de Lego je jouerai encore à ce petit jeu - *vraiment*. Ha ha !)

Nous avons passé une journée très calme. Ce n'était pas comme en Nouvelle-Zélande où on serait allés chez Papi et Mamie on aurait joué avec nos nouveaux jouets, lu des livres et mangé toute la journée.

On a passé beaucoup de coups de téléphone en Nouvelle-Zélande, même si la journée de Noël était déjà finie pour eux à cause du décalage horaire entre les deux pays. C'était bizarre de penser au décalage entre l'Europe et l'Océanie ; quant il fait nuit en France, c'est le jour en Nouvelle-Zélande, tout comme les saisons sont opposées aussi. Très curieux.

Voici certaines différences à propos de Noël en France, des choses auxquelles on n'était pas habitués. Il fait froid et la nuit tombe de bonne heure, et il peut même neiger, on ne peut pas faire de barbecue et il n'y a pas des fraises fraîches à manger. Au lieu de ça, on reste à la maison, au chaud, on pense à notre famille en Nouvelle-Zélande qui a eu Noël douze heures avant, qui est probablement à la plage ou dans un jardin au soleil, avec de la nourriture (miam miam), comme le barbecue, les salades et une énorme meringue (appelé *pavlova* en Nouvelle-Zélande), et de la chantilly pour le dessert, avec une longue partie de cricket ou de badminton dans le jardin, derrière la maison, dans l'après-midi quand il n'y a plus rien à manger et que les adultes sont tous endormis.

—Arrête d'y penser !

Partie III *Aucun progrès*

Chapitre 20 Mince ! Nous voilà de nouveau à l'école

Pendant les vacances, on est restés à la maison la plupart du temps. C'était vraiment bien de tourner le dos à l'école, deux semaines pendant les vacances de Noël et de manger le gigot d'agneau rôti arrivé de Nouvelle-Zélande (trouvé dans le supermarché de Ramonville St-Agne !).

J'ai été quelquefois chez des amis (des amis français !) et j'ai passé la nuit dans une autre maison !

Puis un jour, « Maman, Maman, Maman ! » ai-je crié tout excité. « J'ai *trois* invitations d'anniversaire ! » J'étais vraiment heureux de revoir mes amis avant que l'école recommence, et bien sûr, ces invitations m'ont fait très plaisir !

Les fêtes d'anniversaires des petits français sont comme les fêtes d'anniversaires normales que j'avais connues en Nouvelle-Zélande. Beaucoup d'enfants viennent à la maison, on va dans un parc d'aventures spécial avec le château pour sauter, il y a beaucoup de cadeaux que les enfants déchirent, parfois des jeux, et finalement un grand goûter et des bonbons. On ne donne pas de carte d'anniversaire à celui ou celle qui organise la fête. C'est un peu différent.

En général, les parents ne restent pas aux fêtes d'anniversaires en France, même pour les petits enfants. Ces fêtes se passent souvent le samedi ou le dimanche à partir de 15h00, et elles durent environ trois ou quatre heures. On envoie les invitations une ou deux semaines à l'avance, parfois seulement quelques jours avant.

Et puis mon anniversaire est arrivé ! J'avais *neuf ans* !

« Papa, je veux inviter Baptiste, Thomas, Frédéric, Mathias, Tristan, et Elliott à ma fête. Tu penses que ça fait trop ? » C'était vraiment agréable de voir que j'avais des amis à inviter.

Et c'était trop génial d'avoir plein de mes nouveaux amis à la maison. On est allés dans un château gonflable, on a eu très chaud, et plus tard nous avons regardé les DVD de M. Bean à la maison. Thomas et Baptiste ont tellement ri que j'ai cru qu'ils allaient faire pipi sur le tapis. M. Bean est trop drôle parce qu'il n'y a pas de paroles ni d'autre langue à comprendre, du coup c'est vraiment drôle pour tous les enfants, selon moi. C'est juste M. Bean qui est fou !

De retour à l'école j'ai trouvé que c'était un peu plus intéressant parce que je commençais à connaître le rythme, et tout. Je restais sage et j'écoutais les conversations des autres garçons. Je ne comprenais pas encore tout au travail scolaire, mais au moins je reconnaissais les nombres.

Un week-end, Papa, Olivia et moi on est allés skier dans les Pyrénées qui sont au sud, près de l'Espagne. On y est allé avec Henri et Julie, Sophie et Tobi (qui sont gentils, et pouvaient nous expliquer comment faire).

Papa et Maman disaient que c'était toujours un peu plus facile d'emmener un ami francophone avec nous quand on allait dans un endroit nouveau. Ensuite, on pouvait se débrouiller.

Le ski, c'était incroyable ! Enfin, j'ai d'abord vraiment détesté, parce que je n'arrêtais pas de tomber, mais après avoir fait voler la neige avec Papa je dévalais en trombe la piste des débutants. Je continuerai à en faire plus tard, quand je serai plus grand, en fait, j'aimerais skier pendant toute une semaine.

Papa avait laissé les phares de la voiture allumés toute la journée, du coup il y a eu de l'action et de l'excitation pour trouver des gens avec des câbles de batterie pour nous aider à faire démarrer la voiture. Maman a pensé que ça avait dû être *très drôle*, mais c'est bien parce qu'elle était à la maison en sécurité avec Edward qui avait mal au ventre.

Je devrais mentionner que Toulouse possède de magnifiques musées (même moi, je les aime).

Chaque premier dimanche du mois, l'entrée est gratuite.

Un dimanche, on est allés au musée de la médecine où il y avait *un vrai* squelette, d'épouvantables vieux instruments médicaux et des photos de gens qui souffraient de maladies hideuses. Je me sentais vraiment mal et j'ai dû sortir pour m'asseoir sur les marches à l'extérieur. Je ne veux pas y retourner. Jamais. J'en rêve toujours, surtout de ce pauvre homme qui avait cette maladie appelée *éléphantiasis*, et avait d'étranges formes énormes qui avaient poussé sur son corps.

Chapitre 21 Six mois plus tard

Nous étions en France depuis six mois.

« Oh, sans doute, vos enfants parleront français couramment dans six mois, » avaient audacieusement prédit des gens à Maman et Papa avant notre départ de Nouvelle-Zélande.

Les gens pensaient que maintenant nous parlerions français comme des Français ? Hein ?! Aucune chance !

Apparemment, l'année d'avant, il y avait eu une famille hispanophone du Chili dans notre nouvelle école française. Ces enfants avaient appris à parler français après environ *trois mois*.

« Mais c'est complètement différent ! » ai-je protesté. J'avais lu à ce sujet quelque chose dans un livre du coup, je savais ce dont je parlais. »

« Tout le monde sait que le français et l'espagnol sont vraiment semblables parce qu'ils viennent tous les deux de racines latines. L'anglais et le français sont très différents ! Il y a beaucoup de mots qui se ressemblent en anglais et en français mais ils ont des sens différents, et aussi dans une phrase on dit les mots dans un ordre différent.

De toutes façons, parler couramment en français en trois mois ? En rêve !

Soudain, c'était la dernière semaine du second trimestre. J'aimerais dire que tout allait mieux pour ce trimestre. En vérité, ce n'était pas très bon. Chaque jour j'avais mal à l'estomac ; comme si j'allais vomir.

Certains jours j'étais si chamboulé le matin que Maman me disait de rester une journée à la maison. J'avais vraiment besoin de ces jours-là, mais il fallait aussi vraiment que je trouve une sortie à ce qui devenait un cauchemar. À ce moment là, la seule chose était d'avoir commencé à apprendre la basse, mais j'ai trouvé cela difficile parce qu'elle était trop grande pour mes mains. J'aimais bien l'animateur de l'école, Jules, qui me donnait des leçons. Il parlait anglais et il était très gentil.

J'avais l'impression d'être devenu STUPIDE, mais je savais bien que non. Même les autres enfants à l'école (les méchants, en tous cas) disaient que j'étais stupide.

Ils employaient le mot *imbécile* (je connaissais déjà ce mot en anglais), et pire, je pouvais même pas leur répondre ! Je voulais leur dire qu'en vérité j'étais un enfant *très intelligent* qui venait de tomber dans cette école dans ce nouveau pays avec cette langue folle qui n'avait aucun sens pour moi.

« Faites pareil ! » je voulais hurler. « Vous verrez comment ça fait. Vous verrez comme c'est dur de changer de pays. Surtout si tu es un garçon je-veux-tout-savoir-sur-tout ! »

Maman était un peu inquiète pour moi et elle essayait de trouver des solutions pour m'aider. Je pense qu'elle voyait clairement que je n'apprenais pas grand chose. Les matins où j'étais si désespéré que je restais à la maison, devenaient de plus en plus fréquents. J'aurais tellement voulu me sentir de retour en Nouvelle-Zélande, en sécurité.

Alors Maman a parlé à ma maîtresse et a organisé une réunion avec le Secteur Éducation Jeunesse encore une fois. Ils ont pensé que cela pourrait m'aider si je discutais avec une autre dame, Madame Durand.

« Matthew, mon chéri, » dit Maman un jour, l'air de rien, comme si on parlait du dernier livre que je lisais. « Une dame va venir voir ce que tu fais à l'école. C'est comme une maîtresse qui parle avec les enfants qui sont nouveaux pour voir comment ils s'en sortent. Comme ça, tu le sais. »

Eh bien, de mon point de vue, je m'en sortais bien. J'étais juste dans le mauvais pays… (souffle, grommelle, gémit).

Et donc, un jour, Madame Durand m'a fait sortir de la classe pour me parler.

« Bonjour Matthew, » dit-elle en français.

Je n'ai pas dit bonjour.

« Assieds-toi. »

Je m'affalai sur ma chaise et je fixai le sol.

« Je m'appelle Madame Durand. J'ai entendu dire que tu venais d'arriver en France. Comment ça va ? »

Je refusais de la regarder ou de lui parler et je n'allais pas lui dire que je commençais à comprendre quelques mots de français, non *rien* qui voulait dire que je pouvais répondre comme un être normal.

« Est-ce que tu aimes le UNO, Matthew ? »

Je grognais. Puis elle m'a posé d'autres questions, mais j'avais décidé de ne pas lui répondre.

« Qu'est-ce que tu penses de ça, Matthew ? »

« Matthew ? »

« Matthew, tu m'entends ? »

Après un moment, l'écoutant sans l'écouter, elle dit, « C'est la fin du trimestre, et maintenant tu es bientôt en vacances. Tu peux te reposer un peu, et t'amuser. Je reviendrai te voir dans deux semaines. »

« Salut Matthew. Bonnes vacances. »

Je me suis trainé pour revenir en classe.

Toujours triste.

Toujours à me sentir stupide.

Toujours détestant tout.

Et rien n'avait changé.

Je pleurais beaucoup encore pendant la nuit, même si Papa me câlinait pour m'endormit.

Chapitre 22 Encore des vacances !

Enfin, les vacances scolaires revenaient. Quel soulagement. *Pas d'école !* Pendant deux semaines !

Je me laissais aller, je dormais, je lisais des livres, et je jouais avec nos nouveaux amis Nicolas et Jeanne. Il faut que je te parle d'eux, mais il faut que je t'explique d'abord.

Quand on était en Nouvelle-Zélande Maman appelait une gentille jeune fille appelée Camilla pour venir l'aider (quand Maman devenait folle à cause des trois enfants, disait-elle). Edward était alors un bébé. En tous cas, Camilla est devenue notre amie et nous a raconté sa vie.

Elle nous a dit, « Quand j'étais jeune, je vivais sur un bateau, et je faisais le tour de monde avec ma famille, mes parents et mes deux sœurs. On n'allait pas à l'école ; notre Maman nous donnait des leçons sur le bateau. Et la seule fois où on a habité sur la terre ferme pendant deux ans, c'était en France dans une ville appelée Toulouse. »

Je pensais que cela faisait *trop de coïncidences* : la fille qui vient aider Maman a vécu autrefois dans la ville où l'on va déménager !

Sa grande sœur, Jeanne, avait épousé un gentil garçon appelé Nicolas (il est à moitié français et à moitié Japonais), et ils habitaient juste au bas de la rue ici en France. Quelle coïncidence !

Jeanne nous a téléphoné un jour. On n'avait jamais de coups de téléphone, aussi ça a été une vraie surprise quand le téléphone a sonné. On a tous sursauté.

« Salut, c'est Jeanne. Je suis la grande sœur de Camilla. Mon mari Nicolas et moi, on va habiter près de Ramonville St-Agne, à Vigoulet-Auzil pendant cinq mois. Cela serait super de vous rencontrer ; Camilla m'a beaucoup parlé de vous et des enfants. »

Et on les a rencontrés. On les a beaucoup vus et Nicolas a beaucoup joué avec nous. Il était bon aux jeux de ballon. Je ne m'en rendais pas compte à ce moment là, mais il nous parlait beaucoup en français.

Je commençais vraiment à comprendre une partie de ce qu'il disait. Pas tout, bien sûr, mais un peu plus qu'avant. Et je commençais à essayer de dire un ou deux mots. Jeanne et Nicolas en savaient long sur l'apprentissage des langues parce qu'ils parlent tous les deux français, anglais et japonais. J'ai pensé qu'ils étaient incroyables.

« Tu sais quoi ? » dis-je un jour à Maman. « J'aime vraiment Nicolas parce que je peux essayer de lui parler en Français et il ne se moque pas de moi. »

On a fait des sorties d'un jour, loin de la ville, ensemble - Jeanne, Nicolas, ma famille et la maman de Nicolas. C'était vraiment formidable de voir des choses impressionnantes, comme Montségur, une forteresse en ruine au sommet d'une montagne, où on a grimpé jusqu'en haut, sur le château. C'était long de grimper et il faisait très chaud. Papa me disait qu'une fois il y a très longtemps, il y avait eu un grand siège au château et malheureusement ça ne s'était pas très bien terminé pour les gens qui y habitaient. Ils n'ont pas eu d'arrière-arrière-petits-enfants, si tu vois ce que je veux dire.

On a vu un village construit au bord de falaises il y a des centaines d'années, appelé St Cirq Lapopie, on a marché sous la falaise sculptée près des rivières, et on a pique-niqué sous le soleil du soir. Quelquefois, j'ai pensé que le soleil n'allait jamais se coucher parce qu'il restait chaud et brillant pendant des heures durant la soirée. Chez nous en Nouvelle-Zélande, il fait froid très vite dès que le soleil est couché. Et ça c'est *l'été* là-bas !

On a aussi vu un endroit incroyable appelé Pech Merle. On est allés dans des grottes où des gens avaient dessiné des animaux et des lances, et tout, sur les murs. Il y avait des dessins de leurs mains, avec des ombres de charbon tracées autour d'elles.

Tu as probablement vu les images de ces dessins dans des livres ou des magazines ou à la télévision. Mais là c'était vraiment incroyable de les voir si près, et je les ai vus en vrai !

On a vu des squelettes d'animaux qui étaient tombés dans les grottes, ou s'y étaient promenés, et on a même vu l'empreinte du pied d'un enfant d'environ mon âge, dans la boue séchée de milliers d'années. C'était bizarre, mais vraiment chouette. Et il faisait froid en bas aussi.

« Tu sais quoi ? » dit Jeanne à Maman un jour. « J'ai pensé à Matthew, Olivia et Edward et à leur façon d'apprendre le français. Tu sais cela déjà, mais les enfants apprennent mieux quand ils sont heureux et détendus. As-tu pensé à leur laisser regarder la télévision française ? Il y a des dessins animés qu'ils pourraient regarder, s'asseoir devant et écouter. Ça m'a vraiment aidé quand j'apprenais le français. »

Papa et Maman ont complètement cédé à l'idée que nous serions vraiment *heureux* quand nous aurions appris le français, et ont décidé de nous laisser regarder les dessins animés français, *seulement dans un but éducatif*, disaient-ils.

C'était une excellente nouvelle pour nous, enfants. Merci Jeanne ! Tu es la meilleure !

On a dû regarder tous ces supers dessins animés comme *Road Runner*, *Scooby Doo*, *Tom et Jerry*, et *The Pink Panther*, même si c'était en français. Mais je suppose que c'était le but ! Et j'ai trouvé que c'était drôle que BEEP BEEP *(Road Runner)* reste le même dans n'importe quelle langue !

Chapitre 23 De retour avec Madame Durand, et plus de UNO

« Tu as passé de bonnes vacances ? » m'ont demandé mes amis dans la cour.

J'ai été surpris de trouver les choses un peu plus faciles de retour à l'école. C'était plus facile de retourner là-bas et de revoir les enfants que je connaissais, et de n'être plus le-tout-nouvel-élève-de-Nouvelle-Zélande.

Je ne travaillais pas encore beaucoup à l'école, même si Madame Rousseau, ma maîtresse, essayait d'employer toutes sortes de ruses pour m'aider à apprendre le français. Elle devait aussi organiser le travail de tous les autres élèves, et donc elle était généralement très occupée.

Puis une chose étrange est arrivée. Après les vacances scolaires et avant que j'ai pu dire *les musées sont gratuits le premier dimanche du mois à Toulouse*, Madame Durand et moi, on riait et on bavardait ensemble. Elle était vraiment gentille. Et j'avais aussi découvert qu'elle savait très bien jouer au UNO.

« Bonjour Madame Durand ! » dis-je avec enthousiasme.

« Bonjour Matthew. Tu vas bien ? » me demanda-t-elle.

« Oui, oui, ça va, merci. »

Tiens le téléphone ! Attends une minute ! (*Shrek* à nouveau.) Je lui parlais en français ! Qu'est-ce qui se passe ? Comment diable y suis-je arrivé ?

Ce que je ne savais pas c'est qu'il y avait eu, auparavant, des messages pour arriver à cette situation. Avant de me rencontrer, Madame Durand avait parlé un peu avec Papa et Maman. Elle leur avait donné quelques idées sur la manière d'aider un jeune garçon qui luttait pour s'adapter à la vie dans un autre pays. Elle leur avait dit que j'avais peut-être besoin d'entendre *des messages clés* :

—Premièrement : Matthew. Écoute. Nous sommes en France. Papa et Maman ont choisi d'être ici, et nous y sommes pour au moins deux ans. C'est un fait. Tu peux choisir d'être positif. Ou tu peux résister et être malheureux. Tu dois accepter que nous sommes ici.

—Deuxièmement : Tu ne peux pas choisir de revenir en Nouvelle-Zélande. Ça ne va pas arriver, donc tu dois trouver comment faire pour que les choses marchent ici, et Papa et Maman vont t'aider.

—Troisièmement : Quelquefois on doit travailler très dur avant d'avoir des résultats. Tu es absolument, certainement, sans nul doute, capable d'apprendre le français. Tu étais un bon élève en Nouvelle-Zélande et tu seras un bon élève ici aussi.

—Quatrièmement : Sois brave. Sois courageux. Fais de ton mieux, Matthew. C'est tout ce que nous te demandons. Et en vérité c'est *une chose vraiment grande* d'apprendre une autre langue !

Elle a aussi suggéré aussi que je rende visite à des amis français, que j'invite des français à jouer avec nous, et que je me joigne à des équipes ou des activités à Ramonville St-Agne. Par exemple, une de ces choses fantastique-extra-terrestre-invasion-coïncidence, Maman m'avait inscrit au cours de judo, *le jour même* !

L'autre chose était celle-ci. J'avais dit à Madame Durand que je n'étais pas très content de ma place en classe. Quelquefois un ou deux méchants garçons me piquaient mes stylos ou me disaient que j'étais idiot. Ça m'énervait.

Donc Madame Durand a suggéré à ma maîtresse que je sois assis dans ma classe près de quelqu'un qui pourrait m'aider à comprendre les instructions sur le travail que l'on nous donnait. Elle en a parlé même à ma maîtresse. Comme elle était gentille !

C'est ainsi que je me suis assis à côté de mon ami Frédéric ! Et il s'est mis à m'expliquer ce que la

maîtresse disait et me montrait ce qu'il fallait faire.
Youpi !

Chapitre 24 Et juste pour égayer un peu les choses, j'ai dû rendre un jour visite au dentiste - le jovial Dr Dubois

Il est vraiment gentil. Maman dit qu'il est beau garçon, même s'il a l'air plus vieux que Papa. Il a vécu aux États-Unis pendant quelques temps, et il parle un peu anglais.

J'ai dû aller le voir parce que mes dents du haut ne poussaient pas droit.

Dr Dubois est comme Dr Hibbert chez *Les Simpsons* parce qu'il rit tout le temps.

« Bonjour Matthew. Je suis Dr Dubois » (ha ha ha !).

« Assieds-toi dans le fauteuil Matthew » (glousse-t-il).

« Donc, regardons ces dents. Ah oui, il faut s'en occuper un peu (il gloussa en souriant) et alors elles seront *im-pe-ccables*. »

Il rit de nouveau.

En fait, tous ces rires étaient bienvenus, parce qu'ils me faisaient me sentir plus détendu.

Il me fit ouvrir la bouche avec un appareil spécial et commença à m'enfourner une pate collante comme *play dough* dans la bouche et me dit de respirer naturellement.

J'ai dû ouvrir la bouche vraiment, *vraiment* grande. Et puis il m'a dit de mordre dans la pâte pour prendre l'empreinte de mes dents.

« Détends-toi, Matthew, et respire naturellement, mais ne bouge pas, n'éternue pas, ne te tortille pas, ne tousse pas, n'essaye pas de parler, et reste vraiment calme et ne panique pas… (ha ha ha !). Maintenant, MORDS ! FORT ! »

Il faisait un moule pour fabriquer une plaque qui trouverait sa place à l'intérieur de la bouche pour corriger mes dents. Il m'a laissé même choisir la couleur de la plaque et la boite pour la mettre. J'ai choisi bleu bien sûr, parce que c'est ma couleur préférée, mais ils se sont un peu emmêlés les pinceaux, et ils m'en ont donné une verte. Au moins ce n'était pas rose.

Ainsi ce jour-là, je suis allé chez le dentiste comme un garçon normal, et j'en suis sorti avec une chose étrange dans la bouche. Je ne pouvais pas parler : pour de vrai, la vérité-vraie, je l'jure ! Je commençais tout juste à parler un tout petit peu français et voilà, que maintenant je ne pouvais même plus parler anglais !

Je pouvais juste déglutir, baver et baver.

Chapitre 25 Peux-tu le croire ? Tout à coup, c'était la fin de l'année scolaire !

La vie (à part à l'école) était un peu plus normale, et pas aussi nouvelle et difficile tout le temps. On aurait presque pu dire qu'on prenait nos petites habitudes. Maman ne semblait plus complètement désorientée tout le temps, tandis que Papa appréciait sa vie (très occupée) d'étudiant, et rencontrait d'autres étudiants du monde entier.

Il y avait beaucoup d'événements de groupes à Ramonville St-Agne, comme la Fête de la Musique, et les événements familiaux comme les fêtes d'anniversaires. Parfois on allait à l'église anglophone à Toulouse. J'y ai rencontré un gentil garçon, appelé Tristan, dont les parents venaient d'Angleterre, et on s'est beaucoup amusés ensemble. (Il est venu pour mon 9ième anniversaire.)

Et par une sorte de miracle (ou une intervention d'un superpouvoir), Olivia, Edward et moi on a réussi *en quelque sorte* à passer notre niveau. En septembre lorsque l'école recommençait, on allait passer tous à la classe supérieure. Je ne sais pas comment on a fait (parce que même certains français ne passaient pas dans la classe supérieure), mais j'étais vraiment content de ne pas retourner dans la même classe.

Peut-être c'était par gentillesse, pour qu'on puisse rester avec nos amis plutôt que pour nos capacités parce que je me sentais pas très capable encore…

Edward devait avoir appris un peu de français parce qu'une nuit Maman l'entendit parler, il disait, « Je m'appelle Edward, pas Jean-Pierre ! »

Pendant son sommeil il parlait français !

On est allés voir le spectacle de danse classique d'Olivia de fin d'année (elle était déguisée en champignon ; son costume représentait même un champignon vénéneux).

Il y a eu une fête pour le judo en fin d'année, et Edward et Olivia avaient le spectacle de gymnastique, et on a eu une grande fête de fin d'année à l'école appelée *kermesse*, où toutes les familles sont venues et ont joué à des jeux, on a mangé, on a bu, et on a bavardé des heures dans le soleil du soir : il a fait clair et chaud jusqu'à 22h00 !

Papa a presque eu des ennuis un jour. Papa et Maman ont fait une petite promenade sur une colline dans un village appelé Puycelsi. Ils ne s'étaient pas vus depuis quelques temps parce que Papa avait été très occupé avec ses études et

Maman avait été trop occupée à lire les étiquettes au supermarché.

Maman et lui déjeunaient dans un restaurant quand Papa entendit des gens parler avec un accent vraiment familier.

« Salut ! » dit-il gaiement.

« Ah oui, salut ! » répondirent-il.

« Salut, je vous ai entendu parler. Vous devez venir d'Australie ! Nous venons de Nouvelle-Zélande. Nous n'avons pas entendu votre accent depuis un certain temps ! »

Ils s'arrêtèrent, l'air un peu confus, et dirent : « Ah non, en vérité, nous ne sommes pas d'Australie. Nous venons aussi de Nouvelle-Zélande … »

Laisse-moi te dire un truc : s'il y a quelque chose à apprendre dans la vie c'est de ne pas confondre un néo-zélandais avec un australien. Ou un canadien avec un américain, ou un belge avec un français, ou un allemand avec un hollandais, et tout et tout…

Et pire, Papa ne pouvait pas croire qu'il ne m'arrivait même plus à faire la différence entre l'accent néo-zélandais et l'accent australien ! Une horreur !

Chapitre 26 On retourne en Nouvelle-Zélande pour rendre visite à nos proches

« Youpi ! On va prendre encore l'avion ! » nous, les trois enfants, on criait de bonheur.

Oh là là ! J'étais prêt à aller en vacances, et j'étais impatient de revoir mes amis et ma famille en Nouvelle-Zélande. J'étais vraiment content qu'il n'y ait pas eu de chaudière qui explose dans l'avion cette fois-ci. (Du moins, je l'espérais.)

On a quitté la France au milieu de l'été (par 36 degrés Celsius) et on est arrivé en hiver en Nouvelle-Zélande, même si le premier jour était plutôt ensoleillé.

C'était vraiment étrange de marcher à nouveau sur la terre de Nouvelle-Zélande. C'était comme revenir dans *un univers parallèle* ou *un monde bizarroïde*, ou quelque chose comme ça. Tout était parfaitement normal mais si étrange à la fois.

Chacun parlait avec des accents vraiment drôles que je n'avais jamais entendus avant. En fait, c'était juste l'accent normal de tous les jours en

Nouvelle-Zélande, mais je ne l'avais jamais remarqué.

Des amis néo-zélandais qui avaient vécu pendant longtemps outre-mer, nous ont raconté cette histoire. Une fois qu'ils se trouvaient à l'aéroport d'Auckland, après une longue période en Europe, quand ils ont entendu une annonce dans les haut-parleurs :

« M. Smith, pouvez-vous venir à la caisse de poulet, s'il vous plaît ? »

Dans la version phonétique de l'anglais : *Wud Muster Smuth please cum to tha chicken counta ?*

« C'est bizarre, » se dirent-ils. « Pourquoi il y aurait une caisse de poulet à l'aéroport ? Transportent-ils des caisses de poulets dans les avions maintenant ? Où vont-ils les envoyer ? Ça semble une façon très chère de transporter les poulets. Peut-être est-ce une élite de poulets, très, très importante ? V.I.P. *Very Important Poulets* ?? »

Ça semblait vraiment une chose bizarre à faire ou à dire et ils étaient perplexes.

Finalement, il était très clair, pour l'un de nos amis, que l'annonce disait réellement : « M. Smith voulez-vous bien vous présenter au comptoir d'enregistrement. »

(Et en anglais : *Would Mr Smith please come to the check-in counter…*)

Ça n'avait rien à voir avec des poulets du tout !

Zut alors, si mes amis en Nouvelle-Zélande parlent comme ça, il n'y a aucune chance que je les comprenne, j'ai pensé.

Après quelques jours en Nouvelle-Zélande, je ne pouvais plus *entendre* l'accent différent. Et j'ai trouvé que c'était vraiment drôle que certaines personnes disent que nous parlions anglais avec un accent *français* ! Ha !

« Non, je ne pense pas que vous ayez entendu les français parler anglais, vraiment ! » j'ai essayé de leur expliquer, prétendant vraiment avoir l'accent français, mais personne ne pouvait me comprendre.

On s'est bien amusé à Waiheke Island, près d'Auckland, où on pataugeait sur la plage et on s'est amusé avec un perroquet perdu. Il était vraiment amical et on s'est occupé de lui l'un après l'autre avec notre cousine Lily.

Et puis, on a essayé de dormir de nouveau la nuit.

Ça a été une aventure.

Ça nous a pris cinq ou six jours d'être à nouveau normaux, après notre cruel décalage horaire.

Un peu de pêche avec Papa et Edward, m'a aidé à me sentir un peu mieux, parce que j'ai attrapé beaucoup de poissons et que je suis finalement un sacré bon pêcheur.

On est restés deux semaines avec Papi et Mamie à Morrinsville, et je les ai aidés à enlever les mauvaises herbes dans le jardin (il y avait *beaucoup* de mauvaises herbes).

On a revu nos anciens amis, on a vu Poppa, on est allés nager dans les sources chaudes naturelles à Lake Rotoma, et dans les thermes à Te Aroha.

J'ai fait de la pâtisserie avec Mamie et j'ai joué *dot-to-dot* avec Papi. Puis, après un long voyage en autobus, on est resté une semaine avec Nana à Wellington et une semaine avec mon meilleur ami, Clive, et sa famille.

On a exploré Wellington à nouveau comme si on était des touristes. On a visité le musée national *Te Papa*, Oriental Parade (une grande promenade en bord de mer), et une jolie petite plage avec un long quai à Eastbourne.

J'ai vu beaucoup de mes amis et j'ai même rendu visite à ma classe Montessori un matin, où j'ai remarqué que c'était *vraiment calme*. J'avais l'impression de n'être jamais parti, et en même temps, je savais qu'en France j'avais une autre vie, et ça me semblait vraiment bizarre. Mais j'ai adoré revoir mes amis et ça m'a rendu très heureux d'être avec eux.

Olivia et Edward était très contents d'être de retour aussi. Olivia était heureuse de revoir ses amies et elles riaient et jouaient beaucoup ensemble, tandis qu'Edward a passé une nuit chez son ami Alec. Alec lui a donné un pyjama dinosaure comme le sien, et Edward l'a trouvé vraiment cool. Tous les deux adoraient les dinosaures.

Au bout de six semaines, ce fut le moment de reprendre l'avion et de profiter du soleil de retour en France. Et la chose très drôle, c'est qu'on était tous très heureux de revenir en France.

« Nous rentrons chez nous en France ! » dis-je à Papa. « Et je pourrais revoir mes amis français ! »

Partie IV On bat l'air et on patauge

Chapitre 27 Le début de la deuxième année en France, et il faisait chaud, chaud, chaud de nouveau !

On est arrivés en France pour trouver que notre gentil voisin, Marcel, avait jeté la vieille piscine de ses enfants par-dessous la haie pour qu'on puisse l'utiliser. Dieu merci, j'ai pensé, parce que rien que d'aller à la boîte aux lettres pour chercher le courrier, me faisait transpirer.

« Mes enfants sont trop grands maintenant. Ils ne veulent plus jouer dans la piscine. Ils veulent seulement parler au téléphone avec leurs copains. Je pense que tes enfants s'amuseront bien avec elle maintenant. »

Elle a environ la grandeur d'une table de ping-pong, avec des hauts côtés qu'on passe beaucoup de temps à gonfler et puis on est tout essoufflés parce qu'on ne peut pas trouver la pompe dans le garage. Maintenant, je te demande, est-ce que c'était une façon agréable de passer un après-midi ? Non !

Cependant, on a vite trouvé qu'on n'était pas les seuls à aimer l'eau. Les guêpes l'adoraient aussi ! Je ne sais pas pourquoi, mais chaque fois qu'on allait se baigner, elles venaient aussi. Olivia était très ennuyée par les guêpes parce qu'elle a très peur des insectes et des punaises.

« Fais les partir loin de moi ! Fais les partir !! » criait-elle. En vérité, *elle n'aime pas du tout* les punaises.

Quelquefois l'eau devenait si chaude d'être restée au soleil que c'était comme prendre un bain chaud. Mais on s'en fichait.

On éclaboussait en tous cas et on faisait beaucoup de bruit et on mettait même des glaçons dans l'eau pour la rafraîchir (ça n'a pas marché).

Et maintenant, qu'on était revenus, on a recommencé à s'amuser avec Jeanne et Nicolas. On a refait un petit voyage dans les Pyrénées. Ils connaissaient une cascade, dans un endroit appelé Gouffre de Saoule, où on peut grimper et même rester debout *sous* l'eau. Donc, on a pris notre pique-nique et nos maillots prêts pour aller se baigner.

Mais ce qu'ils ne nous avaient pas dit, c'est que l'eau était *si froide* qu'elle nous empêchait de respirer. Et alors, Nicolas m'a jeté dans l'eau et j'étais presque gelé. (Nicolas porte des t-shirts même en hiver, donc il ne doit pas ressentir le froid comme moi !) Après cela, on a dû s'étendre sur les roches comme des lézards pour que le soleil nous réchauffe, et, bien sûr, chercher dans l'eau peu profonde des rochers pour trouver de l'or.

C'est drôle que je dise les lézards parce que lorsqu'on est revenu en France, j'ai réalisé qu'il y avait des tas d'animaux et d'insectes différents. Peut-être que mon cerveau possède une place pour remarquer des choses comme ça maintenant.

Ici, il y a : des écureuils, des pics verts, des taupes (et des trous de taupe dans les pelouses), des gendarmes (comme les coccinelles mais pas vraiment), des serpents (les orvets, timides et sans danger) et des tas de lézards qui grimpent sur les murs et partent comme une flèche dans l'herbe.

Il y a aussi des chauves-souris qui volent dans les arbres près de notre maison le soir (bon, pour faire peur à Maman), des grandes punaises noires comme les *wetas* (vraiment des insectes effrayants de Nouvelle-Zélande qui ressemblent plus à des monstres, dit Olivia), des araignées qui portent leurs bébés sur leurs dos (tu entends Maman crier ?), des gros rats qui ressemblent à des chats et peuvent nager dans le canal et des grenouilles.

Notre voisin, Marcel, a apporté une boîte à Maman un soir.

« Ouvrez la boîte, Madame, et regardez ce qu'il y a dedans. C'est quelque chose pour le jardin. »

Il donnait toujours des choses pour son jardin. Alors, elle s'attendait à des graines, ou une petite plante, ou quelque chose comme ça. Maman s'est mis soudain à crier. C'était une grenouille.

Pendant que Marcel riait très fort, Maman s'est calmée et a dit, « Ah, merci beaucoup Marcel, mais…pourquoi me donnez-vous une grenouille ? »

« Ah ! Mais c'est très bien pour le jardin, Madame. Elles mangent les insectes sur les tomates. Oui, elles sont très bien. Et quand vous en aurez marre, vous pourrez la manger. Ha ha ha ! »

Alors on l'a gardée dans le jardin mais on ne l'a pas mangée. Je sais que les français mangent les grenouilles mais je pense que Marcel blaguait. Enfin, *je pense*.

On a découvert les figues aussi. Je me souviens que chaque fois qu'on allait quelque part, Maman cherchait des figuiers dans la campagne. Elle disait qu'elle faisait un *plan mental* d'une carte de figuiers, pour savoir où se trouvaient tous les figuiers. Alors, elle pourrait aller les *piller* à la tombée du jour.

« Matthew, » disait-elle avec ce visage radieux et illuminé. « Des figues fraîches, qui viennent tout droit de l'arbre, chauffées par le soleil, c'est la chose la plus proche du paradis que je connaisse. »

« Enfin, des figues et aussi des framboises fraiches du framboisier, des asperges de saison, les feuilles d'artichauts dans le vinaigre balsamique et l'huile d'olive, et aussi de grosses cerises noires juteuses… » Et elle continuait.

Zut alors, quelquefois je ne sais pas vraiment de quoi elle parle. Et moi, *je n'aime même pas* les figues.

Chapitre 28 De retour à l'école pour une deuxième année : la rentrée

« Salut Matthew ! »

La veille de la rentrée, nos amis - Thomas, Hugo et Agathe, et leur Maman Margot - sont venus nous voir à vélo. Il faisait vraiment bon, chaud, et il y avait du soleil. On a décidé d'aller à l'école à vélo parce qu'on voulait voir dans quelle classe on était.

Et il y avait une super nouvelle ! Thomas et moi, on allait être dans la même classe. J'étais vraiment content. Ouf ! Notre maîtresse de CM1 était Madame Bertrand. Elle m'avait aidé une fois lorsque j'étais tombé et que j'avais besoin de soins, de pansements et tout. J'avais écorché mon genou, et il y avait même du sang, ce qui me faisait encore plus mal. Je pensais que c'était la plus gentille dame que j'avais jamais rencontrée.

Alors Thomas m'a chuchoté, « Allons voir Baptiste ! » C'est ce qu'on a fait. (Baptiste, Thomas et moi, on était tous vraiment de très bons amis à l'école, avec Frédéric aussi, bien sûr).

On a foncé vers sa maison - juste au coin de la rue - sur nos vélos. Sa Maman, Marie-Rose, aime beaucoup les enfants, et tout à coup elle en avait onze dans sa maison ! Elle souriait, nous a laissé jouer dehors avec de l'argile et de la peinture et tout. Elle nous a donné à boire, et encore à boire, et elle a souri de plus en plus jusqu'à ce que Maman nous ramène. Marie-Rose a eu l'air un peu triste alors.

Et laisse moi te dire : c'était *vraiment formidable* de rentrer à l'école française !

Sais-tu pourquoi ? Eh bien, c'était vraiment bizarre. Lorsque on était en Nouvelle-Zélande, j'avais complètement oublié le français et je n'ai certainement pas parlé français, même quand les gens me demandaient, même s'ils m'ont quelquefois supplié. Et alors, lorsqu'on est revenu à l'école en France, je me suis rendu compte que je comprenais quelque chose à ce que disaient les enfants ! Et même un peu de ce que disait la maîtresse ! Pas tout à fait, ni complètement, mais beaucoup plus.

Papa pense que c'est parce qu'on a eu de belles vacances et une pause complète de l'apprentissage. Apparemment, ton esprit a besoin de temps pour cogiter et assimiler toutes les nouvelles connaissances (des mots cool !). Et ça avait l'air de se passer comme ça. Même Papa et Maman vivaient la même chose.

Papa continuait ses études chaque jour à l'université en anglais, donc son français progressait plus lentement que nous, mais il nous a fait une grande surprise quand après deux heures passées dans une réception, il a dit qu'il se rendait compte qu'il avait parlé en français tout le temps !

Quant à Olivia et Edward, ils parlaient maintenant presque français comme les enfants français. Ils étaient bien meilleurs que moi en tout cas, et Olivia disait toujours *Oui chef !* au lieu de *oui*, comme si elle travaillait dans une cuisine de restaurant ou quelque chose comme ça. L'une de ses amies dans la classe a dit *Oui chef !* à son maître une fois par erreur, et aïe aïe aïe ; elle a eu des ennuis.

Edward allait bien aussi. Madame Titine et Marie-Blanche ont dit à Maman un jour après l'école qu'Edward avait donné une présentation impromptue (sans que personne ne le lui demande) à toute la classe sur ses vacances en Nouvelle-Zélande, sur l'avion, sur ses amis, sur les volcans, et ainsi de suite, en français ! On avait tous envoyé des cartes postales de Nouvelle-Zélande à nos amis en France, et la classe d'Edward avait sa carte postale de volcans et de montagnes sur le mur, pour que tout le monde puisse la regarder.

Et Edward a appris à compter en anglais jusqu'à dix, tout seul. En fait, à presque six ans, il devait être capable de le faire, mais ce qui était drôle c'est qu'il a appris à compter jusqu'à dix avec le parfait accent d'un français. Imagine-le avec fort accent français : *Won, too, zree, for, five, zeex, zevan, ate, nine, tehn.* Super, non ?!

Il avait aussi appris à jongler avec deux balles (pas *trois*, mais juste *deux*, et il était vraiment fier), et il tapait toujours dans un ballon, ou alors faisait de la planche à roulettes. Il avait déjà vraiment beaucoup grandi depuis notre arrivée ici et il n'avait plus l'air d'un bébé. On jouait beaucoup plus ensemble maintenant, car il savait très bien faire du vélo.

Edward avait dit un jour à Papa, « Je pense pouvoir rouler sans mes petites roues maintenant Papa ! Tu peux les enlever, s'il te plaît ? ». Papa a souri, et juste pour lui faire plaisir, il a enlevé les petites roues et l'a mis sur un chemin plat.

Et alors d'un coup, Edward savait rouler dans la petite rue sans les petites roues en deux secondes et demie ! C'était génial de pouvoir descendre l'allée ensemble à toute vitesse.

Un jour, Maman et moi, on a fait un potager. On a fait pousser beaucoup d'herbes, des légumes et des fruits. Edward a planté ses propres fraises aussi dans le jardin, et il en était très fier. Elles étaient vraiment bonnes et juteuses, et parfois il les partageait avec moi.

Il mélangeait l'ordre des mots, mais c'était parce qu'il prenait l'ordre des mots en français :

« Je veux m'asseoir sur le genou de Papa. »

En anglais ça devait être : *I want to sit on Dad's knee* pas *I want to sit on the knee of Dad.*

« Oh, j'aime bien cette fleur orange, Maman. »

En anglais ça devait être : *I like that orange flower, Mum* pas *I like that flower of orange, Mum.*

« Olivia avait le nez en sang à l'école aujourd'hui ! »

Et en anglais ça devait être : *Olivia had a bleeding nose* (ou *a nose bleed) at school today,* pas *Olivia had a bleeding of nose at school today.*

Olivia était au CE2. Elle avait sept ans maintenant. Elle avait de nouvelles lunettes françaises de chez Fabien l'Opticien, au village de Pouvourville juste en bas de la route, et maintenant elle avait vraiment l'air français, Maman, Papa et Fabien l'Opticien lui avaient dit.

Son maître, Monsieur Lefebvre, était nouveau à l'école, et il avait joué au rugby une fois en Nouvelle-Zélande pour une compétition. Il connaissait le Westpac Stadium à Wellington avec les sièges jaunes brillants (où on avait vu l'équipe de France jouer contre les All Blacks), et il parlait un peu anglais.

Olivia adorait la danse classique, la gymnastique, la natation, les échecs et, de temps en temps, le piano. Elle n'arrêtait pas de demander à Maman de parler au professeur de ballet pour faire un solo de danse au spectacle de fin d'année. Elle n'aimait pas beaucoup lire des livres. Pas comme moi. (Je pense que cela lui faisait un peu mal aux yeux.)

Un jour, nos amis Dafydd et Patricia, nous ont invités à un pique-nique près de l'Ariège, avec quelques-uns de leurs amis.

On a rencontré des enfants très gentils - Hervé et Clara - et eux ils savaient parler anglais ! C'était trop sympa parce qu'on pouvait se reposer sans réfléchir trop fort à ce qu'on voulait dire. Ouf !

Chapitre 29 La vie roule comme sur des roulettes

J'étais assez heureux. J'étais assez calme. Je commençais à apprécier les choses. Maman m'a inscrit au tennis, au judo et la natation le mercredi, et en plus, il existait un nouveau système à l'école ; j'avais un cours supplémentaire le mercredi matin, appelé *aide personnalisée*, avec ma maîtresse vraiment trop gentille.

Tous les mercredis après-midi, après le judo, je devais aller chez mon ami Thomas. On goûtait ensemble, en général c'était du jus de fruit, une tranche de pain français avec des morceaux de chocolat noir dedans. (Tu le crois ? C'est un goûter tout à fait normal pour les français, et c'est trop *délicieux*.)

Puis, on jouait à la *Wii* pendant un moment, jusqu'à ce que la maman de Thomas nous dise que c'était l'heure de sortir et de prendre un peu d'air frais, sacré nom d'une pipe. (Dingue, elle ressemblait à ma mère.)

Thomas et moi, on riait souvent, et tellement que j'ai cru mourir plusieurs fois ! Lui et son frère savaient vraiment s'amuser.

Et c'était génial. La famille de Thomas était très gentille et me parlait seulement en français. Ils me donnaient des leçons de français sans s'en rendre compte, je pense. Quelquefois je déjeunais avec eux, aussi, c'était trop cool.

« Bon appétit, Matthew » ils disaient.

On s'asseyait ensemble à table pour le déjeuner et on avait trois plats à manger. Et quelquefois quatre plats ! Ils sortaient leur sélection de fromages du frigo, et me proposaient d'essayer.

« Matthew, veux-tu du fromage maintenant ? On a du camembert, du brebis, du rocamadour, du roquefort, du gruyère, du cantal, du comté ? »

J'ai goûté beaucoup de fromages français différents maintenant, et mon préféré est véritablement le brebis qui est fait avec du lait de brebis. La famille de Thomas me présentait beaucoup de nourriture différente ce qui était bien parce que j'ai un gros appétit maintenant que j'ai dix ans et demi !

Parfois, ils faisaient un peu les fous et mangeaient leur déjeuner à l'envers - le dessert pour commencer, puis du fromage, puis le plat principal, et puis l'entrée. On adorait ça !

Peu de temps après notre retour en France, Maman chantait dans une chorale dans une vieille église totalement en ruine avant, appelée St Corneille dans le petit village de Puycelsi.

C'était un concert pour récolter de l'argent et aider à restaurer l'église (ce qui coûte un tas d'argent parce que tout est très vieux et tu dois faire très attention pour réparer les vieilles choses).

L'église était incroyable à regarder avec des tas de décorations or et bleu sur le plafond, mais le plafond avait été très abîmé à certains endroits par l'eau qui entrait par des fuites quelque part dans le toit. En fait, il fallait plus de réparations encore, parce qu'on en avait déjà fait une partie.

Maman a chanté un morceau appelé *Le Messie*, et on a écouté une partie de la répétition. Cela faisait beaucoup de bruit. Je ne pouvais pas entendre Maman parce qu'il y avait tellement de gens qui chantaient avec cette façon *has been* et avec beaucoup de vibrato.

Ce jour-là, pendant que Maman chantait avec la chorale, Papa nous a amenés au château de Bruniquel.

On a dû grimper sur une haute colline pour y arriver. Il y avait un pont énorme sur la rivière en bas, de super vues de toutes les collines et les petites maisons minuscules partout.

Il semblait y avoir un clocher dans chaque village, et il y avait des tas de petits villages !

Une salle en ruine dans le château c'était l'endroit où les chevaliers devaient se changer.

Oui, c'est vrai !

Je me trouvais dans la salle des chevaliers, là où ils se préparaient pour la bataille ; l'endroit où on soignait leurs blessures ou l'endroit où ils mouraient !

Complètement génial !

C'était aussi *totalement bizarre*. Ces hommes se préparaient pour la bataille avant même que des gens vivent en Nouvelle-Zélande (des centaines d'années avant !). J'aimais imaginer être l'un de ces chevaliers, mais je ne voulais pas imaginer ces batailles parce qu'il y aurait probablement du sang, et ce serait terrible de s'évanouir au milieu d'une grande bataille.

Et alors, j'aurais probablement été fait prisonnier (ou quelque chose d'autre) dans la guerre, et laissé dans une tour, enchaîné, apeuré, tout seul, attendant la mort, avec pour seule compagnie quelques rats maigres, affamés et malheureux.

Puis un jour, Papa a dit, « Hey, Matthew. Tu veux venir avec Olivia aux Pays-Bas ? On va prendre le train jusqu'à Paris, puis jusqu'à Amsterdam. Peut-être que tu peux laisser l'école deux-trois jours. »

Ça ! Ça sonnait bien ! Papa a sorti une carte et nous a montré où c'était. C'était loin, mais ce n'était pas aussi loin que la Nouvelle-Zélande, donc j'ai pensé que ce serait un voyage assez facile.

Alors, on est allés à Amsterdam pour le mariage d'un des amis de Papa. C'était cool ; on a vu des choses vraiment sympas, comme des vieux bateaux à voiles avec des canons, la maison d'Anne Frank avec le passage secret vers la cachette derrière la bibliothèque mobile, un ou deux musées, et le zoo d'Amsterdam.

J'ai beaucoup aimé les poudres sucrées de toutes les couleurs sur le pain que l'on te donne pour le petit déjeuner, même si Maman pense que cela devrait être interdit.

Je pensais que le français sonnait beaucoup mieux après avoir entendu les gens parler le néerlandais.

Rappelle-toi que j'ai dit que les suédois avaient l'air de parler avec de la soupe dans la bouche ? Eh bien ! Les hollandais ont l'air d'avoir un cheveu coincé dans la gorge ! (C'est ce que je pense, en tout cas). Je n'avais jamais entendu un truc pareil avant, et c'était surprenant pour moi.

Maman dit qu'il y a beaucoup de hollandais en Nouvelle-Zélande, mais je pense qu'ils ont tous perdu leur accent hollandais et qu'ils disent *chicken counter* avec un accent néo-zélandais comme tous les meilleurs néo-zélandais.

Et pas très longtemps après, on a tous fait ce voyage totalement incroyable pour voir l'océan Atlantique, près de Bayonne et Biarritz, sur la côte ouest de France.

On est resté deux ou trois nuits dans une sorte de parc de vacances avec des appartements partout, et on a pu mettre les pieds dans l'eau.

Comme on vient de Nouvelle-Zélande, on connaît les courants machin-choses, qui peuvent t'emporter au large.

Papa a regardé les courants dangereux là où on était, et a décidé qu'on ne pourrait pas se baigner entièrement. On avait oublié d'apporter nos serviettes, du coup c'était affreux de se rhabiller alors qu'on était encore tout mouillé par les vagues, après avoir pataugé dans le sable.

Le lendemain on a trouvé une plage parfaite à Biarritz et on a fait du *boogie-boarding*, on a joué dans les vagues ; c'était comme nos vacances en Nouvelle-Zélande. Maman surveillait nos vêtements, nos chaussures, nos sacs, nos goûters, et d'autres trucs sur la plage ce qui était sa spécialité, disait-elle. Elle n'aime pas nager.

À propos, je suis très doué pour le boogie-boarding. Je l'ai appris à la Matarangi Beach à Coromandel Peninsula en Nouvelle-Zélande. Une fois, on a passé un après-midi sur la plage dans l'eau, à fond la caisse sur les boogie-boards, c'était vraiment trop drôle.

Le lendemain, on a vu une photo *de la même plage* dans le journal avec 50 requins qui nageaient pas très loin du bord ! Ils étaient petits mais ça faisait vraiment peur. Papa disait que c'était des requins *bronze whaler* donc ils n'allaient pas nous attaquer mais nous mordre si on cherchait à mettre nos mains dans leur gueule.

On ne l'a pas fait.

Bien sûr.

Chapitre 30 Noël en France avec mon copain Gérard

« *Kia ora* Matthew ! »

J'étais si content ! Certains visiteurs de Nouvelle-Zélande arrivaient pour rester chez nous à Noël. C'était vraiment cool parce que Gérard, le fils, était l'un de mes meilleurs amis quand j'étais à l'école en Nouvelle-Zélande.

J'ai failli ne pas le reconnaître. Lorsqu'on est partis de Nouvelle-Zélande il avait des cheveux blonds très longs. Et maintenant il était presque chauve ! Moi, je me laissais pousser les cheveux mais les siens avaient disparu.

Maman ne m'avait pas dit quand il arrivait, du coup quand il a frappé à notre porte, je suis presque tombé par terre lorsque je l'ai vu.

« Gérard ! Qu'est-ce tu fais là ? Tu ne devais pas arriver avant demain ! Youpi ! »

On s'est trop amusés ensemble !

On est allés à Carcassonne (il faisait horriblement froid et c'était totalement vide parce que c'était l'hiver), à la Cité de l'Espace encore (parce qu'on s'y amuse beaucoup), et on a guidé

147

Gérard et son Papa dans Toulouse, sans oublier le marché de Noël sur la place du Capitole au centre-ville. On les a amenés dans un parc (le Jardin Raymond VI à St Cyprien), où il y avait une mare couverte d'une grande plaque de glace. On a essayé d'en rapporter à la maison mais elle se cassait tout le temps.

Dans le parc, on a aimé monter sur un vieux manège français en bois. On a aussi visité mon école (même si c'était les vacances) pour que Gérard voit où j'allais à l'école maintenant. J'avais l'impression de leur montrer ma ville de naissance, parce que je connaissais beaucoup de choses et plein d'endroits à visiter.

Je lui ai appris à jouer à la pétanque, avec le jeu de pétanque qu'on a reçu pour Noël !

Et le Papa de Gérard nous a fait rire parce que le jour de Noël, au lieu de s'habiller, il est resté en pyjama toute la journée. Il se sentait sûrement comme à la maison ! Maman a fini par forcer Gérard à s'habiller.

Chapitre 31 Et puis, un jour...

« Matthew, est-ce que tu as des devoirs à faire de temps en temps ? » demanda Maman. « Je pensais que l'on te donnait du travail à faire à la maison. »

« Non Maman, on ne me donne pas de travail, » dis-je, aussi honnêtement que possible.

« Oh, OK, » dit Maman lentement, l'air très bizarre. « Pourquoi y a-t-il donc dans ton agenda une liste de travail à faire pour le reste de la semaine ? »

« Oh, cette liste, » ai-je répondu, l'air de rien. « C'est pour nous dire ce qu'on va faire cette semaine, mais on n'a pas vraiment des trucs à faire. »

« Es-tu absolument sûr, Matthew ? »

« Oh, oui Maman, absolument. » Je brillais de sincérité.

Le fait était que, dans mon esprit, je n'avais rien à faire parce qu'il n'y avait aucune chance que je puisse le faire. Je n'étais pas du tout capable de le faire. Du coup, je l'ignorais comme si ça n'avait rien à voir avec moi. Ça me semblait la meilleure chose à faire.

En fait, tous les enfants de ma classe devaient écrire ces listes de travail à faire pour le reste de la semaine, et travailler sur les leçons avant la classe, une sorte de devoirs à l'envers, pour nous néo-zélandais.

L'orage éclata un jour quand Maman prenait le café avec son amie, Margot. Margot lui dit qu'elle aidait Thomas et Hugo à préparer leur travail pour la semaine, tout en parlant.

« Comment ?! » dit Maman, alertée et angoissée. Je pouvais imaginer ses oreilles se dresser, et son radar à détection de devoirs s'amplifier. Ce sont ses pouvoirs surnaturels extra-terrestres encore, j'en suis sûr.

Eh ben, c'était bien ça ! Ce tout petit commentaire avait mis fin à ma phase *pas de travail*. Maman demanda à Margot de lui montrer quoi faire, quels livres utiliser, et tout et tout, et à partir de ce moment-là, j'ai dû m'asseoir avec Papa ou Maman le soir après l'école et faire tous mes devoirs.

D'un côté, j'étais soulagé, parce qu'ils pouvaient voir ce que je devais faire ; mais d'un autre côté, j'avais peur de plus en plus parce que je commençais à voir *combien je ne savais pas*.

Et c'était vraiment ATROCE.

Donc, on a continué pendant quelques semaines à faire les devoirs. Olivia aussi ! Elle non plus n'avait pas parlé de ses devoirs avec Maman et

Papa, et alors on a été très occupés le soir. Elle n'avait pas autant de travail que moi.

Edward n'avait rien à faire parce qu'il était encore en maternelle. Papa pouvait nous aider en mathématiques, même s'il ne savait pas lire les consignes en français ; il se débrouillait parce qu'il était très doué avec les chiffres. Maman lisait assez bien nos devoirs de français et essayait de les traduire, et du coup elle nous aidait un peu.

Elle devait aussi traduire notre cahier de correspondance, c'est un carnet d'informations que la maîtresse envoie à la maison, avec des remarques et des choses importantes collées dessus. Maman devait le lire, le comprendre, répondre, le signer et le renvoyer à l'école le jour suivant ; pour les trois enfants.

Si elle le lisait correctement, cela voulait dire qu'elle pourrait venir avec nous pour les sorties de temps en temps, ce qui était bien. Elle est venue en sortie à Ginestous-Garonne, à l'usine du traitement des eaux usées, dont elle a dit que ce n'était pas exactement sa sortie favorite. Elle a préféré le Musée des Augustins où il y a beaucoup de statues et de peintures, et où cela ne sent pas si mauvais.

Chapitre 32 Alerte Rouge !
Fusion du cœur imminente : la deuxième fois

Et alors, quelque chose est arrivé. J'étais malade à nouveau.

« Maman, pourquoi j'ai envie de vomir et de pleurer, même si je n'ai pas mal au ventre ? »

Chaque matin, avant l'école, je ressentais un horrible mal de ventre, et chaque soir aussi en allant au lit. Parfois, je restais assis à lire mon livre, et je commençais à pleurer. Ce n'était même pas parce que je pensais à mon grand-père en train de mourir, ou quoi. En vérité, la plupart des nuits, je pleurais et pleurais sans cesse, et j'étais vraiment très triste.

Et puis certains matins, j'étais vraiment mieux (mais pas souvent) ; comme si je voulais aller à l'école mais en fait je ne voulais pas. Je me sentais mal et à l'envers.

Et puis, une nuit j'ai été totalement submergé (plus qu'avant). Je pleurais des litres et je balbutiais.

« Maman, » je bredouillais et déglutissais. « Je ne peux plus aller à l'école. Je le déteste ça. Je me sens si stupide. Je ne fais *aucun* progrès, on m'avait dit que j'allais en faire au bout d'un moment ! »

Je continuais. « On dirait que je suis le plus idiot de la classe, et je ne peux parler à personne, ou me faire comprendre. »

À ce moment-là, je pleurais beaucoup, et je vomissais presque. C'était si dur de parler.

« Et les méchants garçons se moquent toujours de moi. J'ai l'impression qu'ils ont toujours un problème avec moi, c'est horrible ! Ils me détestent vraiment. Et ils me laissent toujours en dehors de leurs jeux. »

Quand j'y repense, j'étais vraiment désespéré ; je ne savais pas de quel côté me tourner, ni quoi dire ou quoi faire. Je devais descendre dans la cuisine, quitter ma chambre, prendre un chocolat chaud, et essayer de me calmer.

Papa et Maman m'ont laissé regarder un peu la télévision avec eux. Plus tard, je me suis endormi dans le lit de Maman et Papa.

Cette semaine, Maman m'a emmené chez sa doctoresse. Maman avait trouvé ce charmant médecin traitant, Dr Fournier, qui parlait un peu anglais. Elle avait deux enfants aussi, dont un fils d'environ mon âge et elle comprenait vraiment les enfants. Maman avait pensé que ça serait bien que je lui parle. En fait, c'était bien de lui parler, et je lui ai parlé juste de ce que j'avais bredouillé à Maman et Papa.

Le Dr Fournier était vraiment très gentille. Elle m'a dit que je pourrais lui parler à n'importe quel moment. Elle m'a dit :

« Tu n'as pas besoin d'être le meilleur ; il faut juste essayer. Ne soit pas trop dur avec toi. »

« Mais qu'est ce que ça fait si les autres rient ? Je suis sûr qu'ils n'ont jamais habité dans un autre pays. »

« Amuse-toi. Détends-toi. Fais ce que tu peux. Et peut-être ce serait une bonne idée de déjeuner avec un ami à toi dans leur maison, ou alors de revenir le midi à la maison déjeuner avec ta Maman. »

Et Maman a dit d'accord. Elle m'a laissé revenir à la maison pour déjeuner, deux fois par semaine, et les autres jours j'allais chez un copain. Ces amis étaient en France et venaient de Roumanie, un pays à l'est de l'Europe. Leur garçon, Alexandru, se sentait un peu bizarre ici aussi, parce qu'ils venaient juste d'arriver.

C'était si agréable d'aller chez eux et de manger de la pizza et des frites, puis de jouer sur l'ordinateur, et de ne pas avoir à penser à l'école pendant deux heures. Ils s'occupaient très bien de moi.

Puis arriva le jour du rendez-vous suivant avec le Dr Fournier. J'y suis allé avec Maman. Mais c'était drôle parce que je n'avais pas vraiment *besoin* de la revoir ; quelque chose de vraiment épatant était arrivé. En fait, je ne pensais pas que cette chose était si épatante à ce moment-là, parce que je ne voyais pas ce que ça allait changer.

Continue à lire. Tu vas comprendre bientôt !

Chapitre 33 Fusion du cœur complète par Maman cette fois

Même si je travaillais un peu mieux en ayant une pause à l'heure du déjeuner, d'une façon générale, à l'école, je me débattais sur la jetée comme un poisson à moitié-mort. Après une nuit de pleurs, de sanglots, de grincements de dents, Maman a dit avec exaspération, ce qui veut dire *pas très calmement du tout* : « Je ne sais pas quoi faire d'autre ! Je ne veux pas voir cette tristesse tout le temps, et je n'aime pas ce que ça te fait, Matthew. Alors, c'est fini ! *Je vais te donner des cours à la maison !* »

Youpi ! Super ! Incroyable !

Des feux d'artifices de joie explosèrent au dessus de ma tête. Je sautai partout dans la maison.

« Je n'ai plus besoin d'affronter tout ce travail à l'école, et les garçons méchants ! Je resterai avec Maman et j'apprendrai avec elle.

De toute façon qui a besoin d'apprendre une autre langue, franchement ?!

J'étais très heureux. En fait je me sentais comme un chat qui lèche de la crème avec un peu de sucre, qui sait que chaque soir il y aura un autre bol de crème qui l'attendra. Un chat qui est assez heureux d'avoir un coussin moelleux et chauffé gentiment par les rayons de soleil pour se rouler en boule, où il pourra profiter du sommeil profond et tranquille d'un chat bien nourri. (Je pensais un peu à Garfield, ou à la créature bizarre dans le livre de Dr Seuss, *Solla Sollew*.)

Ce qui veut dire : j'étais vraiment heureux !

Et cette nuit là, pour la première fois depuis des semaines, je me suis endormi avec un sourire aux lèvres, et on n'a pas entendu un seul sanglot.

Chapitre 34 Maudit Papa et son pragmatisme

Mais ne l'aurais-tu pas imaginé ?! Papa avait *d'autres idées*.

« Voyons ça calmement, ma chérie, » dit Papa réconfortant incroyablement Maman, alors qu'il la faisait s'asseoir avec une tasse de camomille.

« Si on peut régler le problème de Matthew à l'école, ce ne serait pas mieux pour lui de rester là-bas, et de gagner cette bataille ? »

Papa peut être équilibré et pragmatique parfois, et je pense que cela rend Maman folle lorsqu'elle veut se plaindre.

Après un long moment, un paquet de chocolat noir, et un certain nombre de petites gorgées de thé pour Maman, et de verres de Corbières pour Papa, ils ont identifié quelles étaient les vraies difficultés :

—Premièrement : J'avais commencé l'école à un niveau plus élevé qu'Olivia et à un âge plus avancé. Ainsi on s'attendait à ce que je travaille à un niveau plus élevé.

Le niveau CM1 à l'école était en fait difficile, même pour les enfants français.

—Deuxièmement : Je n'y arrivais pas, parce qu'il me manquait les bases, comme un enfant français l'aurait fait à la maison avec ses parents, durant les premières années d'école.

L'école n'avait pas les moyens pour m'aider à rattraper ce qui me manquait, comme on l'avait espéré.

—Troisièmement : Et je n'avais pas eu le programme d'intégration de langue auquel on s'attendre, une fois arrivé en France.

Et voici, la solution qu'ils ont trouvé.

Ils ont décidé que j'avais vraiment besoin d'une aide extérieure pour m'aider à combler mes lacunes, et booster ma confiance en moi. J'avais besoin … d'un TUTEUR !

160

Partie V Survivre et sourire

Chapitre 35 Annabelle, Annabelle, où es-tu, Annabelle ?

Alors, Maman a écrit un email et l'a envoyé loin (enfin, autour de Toulouse surtout, et peut-être même à travers l'Amérique du Sud, la Norvège et la Bulgarie).

Cela disait :

« On a besoin d'un tuteur pour Matthew pour l'aider à apprendre la langue française - la grammaire, le vocabulaire - toutes les choses qu'il a manqué quand il était très occupé à apprendre l'anglais en Nouvelle-Zélande. »

« Actuellement, Matthew est en CM1 et il fait des progrès, mais il a des difficultés avec plusieurs aspects de la langue française. Nous pensons que s'il avait appris les bases du français, qu'on apprend dans les petites classes, ça ne serait pas si difficile. Peut-être qu'il faut renforcer ces bases là. »

« Si vous connaissez un étudiant intelligent et capable qui sait encourager, motiver et enseigner aux garçons de dix ans, de manière intuitive et flexible, contactez-moi, s'il vous plaît. Nous allons probablement rester en France encore au moins une année, donc il vaut mieux aider Matthew à retrouver sa confiance en lui. »

Je n'étais pas sûr. Je pensais que ce n'était pas une bonne idée. Je m'attendais à arrêter l'école et passer du temps avec Maman, faire les choses qu'elle faisait : cela semblait être une vie plus cool pour moi.

(On peut faire du vélo, boire des chocolats chauds au café du bord du canal à Castanet Tolosan, on peut aller faire du shopping au centre ville pour acheter des Lego, faire nos propres visites historiques de vieux bâtiments, cuisiner à la maison, genre mousse au chocolat, cannelé, charlotte aux fraises, et tout. Tout ça c'est apprendre, non ?!)

Puis, un jour, un email est arrivé. Tout à coup mon rêve d'apprentissage sans stress en compagnie de Maman toute la journée a été brutalement brisé. Et je me suis senti brisé moi aussi.

« Bonjour Madame Meade, je m'appelle Annabelle, j'ai vingt-sept ans. J'ai eu votre email qui disait que vous cherchiez des cours de soutien pour votre enfant. Je serais très intéressée de vous rencontrer. J'ai étudié pendant deux ans à l'Université du Mirail en littérature et en anglais, alors mon anglais n'est pas trop mal. J'ai enseigné le français a des enfants quand j'avais vingt ans, et ça a été une expérience formidable. Contactez-moi pour savoir si vous êtes intéressés, même pour une simple rencontre. Je vis à côté de Castanet-Tolosan et j'ai une voiture. A très bientôt j'espère ! Annabelle. »

OH NON !!

Chapitre 36 Cours de soutien

Je n'étais pas sûr de ce que je pensais d'Annabelle au début. Quand elle parle anglais, c'est avec une sorte d'accent américain, même si elle n'a jamais habité aux États-Unis.

Elle est très intelligente. C'est une musicienne et elle a fait son propre CD de musique. Elle est aussi étudiante, elle travaille à mi-temps et veut être un ingénieur du son un jour.

Et elle a l'air d'avoir un tas de différentes voitures Renault, et elle conduit une nouvelle (vieille) voiture à chaque fois qu'on la voit. Lorsque mes amis Thomas et Hugo étaient plus jeunes, elle s'occupait d'eux après l'école et ils l'ont vraiment adorée, alors je me suis dit que c'était bon signe.

Souvent, elle est en retard. J'y ai beaucoup pensé. Un jour, je ne pouvais plus me retenir.

« Annabelle, je peux te demander quelque chose ? Est-ce que tous les français sont toujours en retard, ou c'est juste toi ? » Elle a ri en disant que c'était juste elle.

Mais, la chose qui est bien - elle est *totalement cool*. Elle sait vraiment comment enseigner à un enfant comme moi. Elle est trop drôle, elle donne du sens à l'apprentissage et me fait rire. Elle rit même à mes blagues, y compris quand je me cache à *chaque fois* qu'elle vient chez moi, même si Maman me dit de ne pas le faire.

Je dois dire aussi qu'Annabelle peut être un peu méchante quelquefois, et elle me dit d'aller travailler dur quand je veux juste prendre un goûter ou plaisanter ou avoir un autre verre de Perrier que Maman ne me laisse boire que quand j'étudie. Je lui prépare un café quand elle arrive, même si parfois je dois attendre qu'elle ait terminé sa cigarette avant de boire son café. (Beaucoup de gens fument en France, j'ai remarqué.)

« Annabelle est ma *meilleure amie !* » dit Olivia. Annabelle aide aussi Olivia, quand elle a fini de m'aider.

Et Edward est toujours à lui montrer ses jouets *Gormiti* ou une voiture bizarroïde, bancale en Lego qu'il a construite. Parfois, Maman et Papa lui demandent de passer des coups de fil pour eux, ou de traduire une lettre très importante d'un bureaucrate français d'une grande organisation française ou quelque chose d'autre en France.

« Annabelle, » dit Maman. « Tu es *in-dis-pens-able !* (Cela signifie que quelque chose ou quelqu'un est nécessaire, tu ne peux pas faire sans).

En fait, ça ne m'a pas pris longtemps pour compter sur elle aussi. Nous l'avons tous fait.

Ainsi, chaque semaine, je l'ai vue le mardi après l'école et le samedi matin, et chaque fois on regardait les devoirs à faire pour les deux prochains jours. On a travaillé comme ça jusqu'à la fin de l'année scolaire, donc pendant environ six mois. Puis pendant les vacances scolaires, je l'ai vue chaque jour pendant deux heures. Zut alors !

Tout d'abord, elle a parlé avec Maman et Papa de moi et de ce que j'avais besoin de savoir.

« Je veux savoir ce que Matthew a besoin d'apprendre selon vous. » Elle a parlé anglais avec son accent spécial américain-anglais-français.

Puis elle a regardé mes livres d'école. Puis elle a regardé les devoirs qu'on me donnait à faire. Puis on a emprunté l'un des manuels scolaires de ma maîtresse, et Annabelle s'est mise au travail.

Elle m'a expliqué ce qu'on allait faire.

« Matthew, je vais préparer des exercices pour toi. Tu vas en faire autant que tu le peux, et puis je vais jeter un coup d'œil. S'il y a quelque chose où tu as eu faux, on voit ça ensemble. Ça va aller Matthew ? »

Elle avait une très bonne façon d'expliquer les choses françaises que j'avais besoin de savoir, mais elle devait encore répéter certaines choses, encore et encore, jusqu'à ce que ça marche. Elle m'a aidé avec ma grammaire et ma conjugaison (changer les terminaisons des verbes en fonction de la situation et de qui parle, par exemple).

Et laisse-moi te dire quelque chose de très, très important. Toute personne qui apprend ses verbes français devrait se voir attribuer une énorme et brillante médaille d'or dans une cérémonie importante comme l'ouverture des Jeux Olympiques, ou quelque chose comme ça, parce que l'apprentissage des verbes c'est comme vaincre un *monstre*.

En fait c'est comme un monstre très, très méchant. Un genre de grand chien noir, qui te saute dessus, aboie et bave partout sur ton visage. On doit lire les verbes, les écrire, les réciter, les utiliser, et puis le faire encore, des millions de fois, jusqu'à ce qu'on les connaisse par cœur. Même les Français les trouvent difficiles, à ce qu'on dit.

Mais alors, les français ont l'air de bien aimer les chiens.

Parfois, la nuit je m'endormais avec les terminaisons des verbes différents (le grand chien méchant…) qui tournaient dans ma tête. Oh là là, c'était super nul. Donc, pour évincer le chien, j'ai commencé à écouter 'Mozart à minuit' sur *l'ipod* de Maman, pour m'endormir et faire fuir ces chiens qui aboient.

Mais attends ! La bonne nouvelle, c'était que d'avoir travaillé avec Annabelle, bien, *cela m'a vraiment aidé !*

(Je te l'avais dit que c'était de bonnes nouvelles !)

Je pense qu'Annabelle était comme *le chaînon manquant* dans ma scolarité, et j'ai commencé enfin à faire quelques progrès, alors qu'on continuait à travailler ensemble, même si c'était seulement de petites choses au début. J'ai en quelque sorte commencé à comprendre *de plus en plus* ce que disait la maîtresse en classe. Il ne semblait pas y avoir cette confusion - floue, malheureuse, pluvieuse et très triste tout le temps. Je pouvais voir que dans le brouillard il pourrait y avoir un point d'une toute petite lumière luisante.

Peut-être *que c'était* la lumière au bout du tunnel dont Papa m'avait parfois parlé.

Je commençais à me sentir un peu plus heureux de nouveau, comme il semblait possible que je puisse faire toutes ces choses, après tout.

Imagine ! J'ai presque arrêté de me plaindre.

Et…je ne pleurais plus tout le temps !

Chapitre 37 Et puis j'ai découvert que j'étais un peu français ! C'est pas cool ça ?!

« Chéri, » dit Maman à Papa un après-midi. Elle lisait un livre sur l'histoire de France.

« Dis-moi encore, ce ne sont pas tes ancêtres, les français appelés Huguenots, qui ont été chassés de France par la révocation de l'édit de Nantes en 1685, lors une expulsion brutale et sanguinaire ? »

J'ai arrêté de lire mon livre de Horrible Science appelé *Chemical Chaos*. Ça sonnait tout aussi intéressant.

Apparemment, il y a des siècles en France, il y avait de nombreux gens appelés les Huguenots. Ils formaient un grand groupe de personnes qui habitaient près de Toulouse, et aussi beaucoup d'autres endroits en France. Ils étaient un peu différents à l'époque parce qu'ils ne suivaient pas la religion catholique, comme la plupart des autres personnes de France. Ils s'appelaient eux-mêmes *protestants* (qui ressemble au mot *protestataire* pour moi). L'édit de Nantes, était comme une loi qui disait qu'on pouvait être protestant, ou catholique, et tout allait bien.

En tout cas, un roi français, appelé Louis XIV, décida qu'il n'était plus d'accord avec leurs idées différentes.

« Je décrète que l'édit de Nantes est nul et de nul effet; que toutes les personnes de France seront désormais catholiques. Toute personne qui n'est pas d'accord devra quitter le pays, tout de suite. »

Mais il ne leur a pas donné beaucoup l'occasion de quitter le pays.

Il y a eu beaucoup de batailles contre les Huguenots, et beaucoup de meurtres, et de massacres et d'attaques.

Aaargh ! Le sang ! La mort ! Des trucs affreux ! Des tas et des tas de gens ont été tués. Je suppose que ça a dû être assez moche.

Mais quelques Huguenots se sont échappés et les ancêtres de mon Papa (anciens membres de ma famille d'une autre époque) étaient certains d'entre eux. Ils ont fini en Angleterre, et puis à un moment, ils se sont déplacés en Irlande ; en fait beaucoup de Huguenots ont fini par vivre dans le monde entier !

Et puis étonnamment, l'arrière grand-mère de Papa, qui descendait du peuple Huguenot en Irlande, serait arrivée en Nouvelle-Zélande.

Une fois, on est allés dans une ville appelée Montauban, au nord de Toulouse, et on a vu l'église St Jacques, où les soldats du roi ont tiré une fois avec leurs canons sur les Huguenots qui s'étaient refugiés à l'intérieur. Le roi avait eu un plan rusé qui lui venait d'un rêve d'une voyante locale (certains disent une sorcière) que s'il tirait quatre cents coups de canons sur l'église, tout à la fois, la ville de Montauban tomberait et les soldats du roi seraient au pouvoir là-bas. On peut encore voir les trous dans les murs de l'église où ces énormes boulets de canon ont frappé. Incroyable ! (Mais un peu trop horrible aussi, n'est-ce pas ?)

Peut-être que le roi a-t-il mal compté, et seulement tiré trois cent quatre-vingt dix-neuf boulets de canon ? Parce qu'en fait, la ville n'est pas tombée aux mains des soldats du roi comme la sorcière-voyante avait prédit. Elle avait dû avoir une mauvaise journée.

Et puis, j'ai eu cette pensée bizarre.

« Hé Papa ! » je dis, tout à coup. « Peut-être que mes arrière-arrière-arrière-arrière *tout ça* grands-parents se trouvaient dans cette église ! Et puis ils se sont échappés ! »

C'était vraiment bizarre d'être là, au même endroit, et de savoir que quelqu'un qui était de ma famille avait pu être là, il y a des centaines d'années. Peut-être qu'on se promenait dans les mêmes rues ! Je me demande ce qu'ils penseraient de moi, s'ils pouvaient me voir maintenant.

(Sans doute, ils me diraient de me couper les cheveux. J'ai décidé de laisser pousser mes cheveux, parce que je ne voulais plus que Maman me coupe les cheveux - elle les coupe toujours trop court.)

Mais ce que je voulais vraiment savoir c'était s'il y avait un château familial, immense et vieux, quelque part en France, avec notre nom dessus ! Peut-être qu'on pourrait aller habiter là-bas, et peut-être on pourrait déterrer un trésor…

Et bien sûr, je serai très heureux d'avoir quelques domestiques !

Chapitre 38 Vive la révolution!

Pendant ce temps, de grands changements étaient en cours. Il y avait beaucoup de grognements et murmures à l'école. Thomas, Baptiste, Frédéric et moi, plus deux autres garçons, Mathias et Alexis, on a décidé de mettre en place une révolution. On était tellement embêtés par un groupe d'enfants méchants qui nous commandaient, et mettaient le bazar dans nos jeux.

Ils n'étaient que trois, mais ils interrompaient nos jeux, nous bousculaient, et nous disaient qu'ils changeaient les règles du jeu - même si c'était un jeu qu'on avait inventé ! Ça devenait hors de contrôle ! Et puis, d'autres fois ils me faisaient perdre délibérément à un jeu en me faisant trébucher ou parfois ils m'ignoraient et ne me laissaient même pas jouer.

C'était scandaleux !

J'ai même dû aller voir ma maîtresse, Madame Bertrand, parce qu'ils ont vraiment commencé à me taquiner et à rire de moi. Elle a parlé aux méchants garçons.

J'ai été vraiment surpris quand ils sont venus me dire *désolé*, et me demander si je voulais jouer avec eux. Wow : un grand changement ! Mais je me demandais avec méfiance combien de temps cela allait durer…

Et bien sûr, ça ne dura pas longtemps du tout. Ce truc de : on me pousse hors des jeux, ça me rend triste, j'en parle à ma maîtresse, la maîtresse leur parle, ils me présentent leurs excuses, tout ça a eu lieu bien trois ou quatre fois de plus. Et ils ont commencé à le faire à mes meilleurs amis, Thomas, Baptiste, Frédéric, et à d'autres enfants aussi.

J'étais presque prêt à quitter cette école de nouveau. Je voulais juste m'enfuir et aller là où il y aurait des gens sympas.

Mais, tu ne le sais pas, mon bon vieux Papa avait d'autres idées. (Encore !)

« Maintenant, écoute-moi Matthew. Parfois la meilleure chose à faire est de faire face et de braver l'intimidation, de dire *NON*, et de leur dire qu'ils doivent jouer selon tes règles. »

Comment diable allais-je faire cela ?

« Matthew, tu sais que partout où tu iras dans la vie, il y aura des gens méchants ; il y aura plein de gens sympas aussi, mais parfois la vie c'est apprendre à vivre avec les gens méchants. »

Ce que je ne savais pas, c'est que nos Mamans (les Mamans de mes amis) avaient bavardé et réalisé ensemble que les méchants garçons causaient des problèmes.

« Quelque chose doit être fait, » les Mamans se sont mises d'accord. « Les garçons, » elles nous ont dit. « Vous pouvez laisser ces garçons continuer à ruiner vos jeux, ou bien vous pouvez faire la grève, et décider de ne pas jouer avec eux. »

Et puis, Papa me parla de la Révolution Française de 1789, et comment les paysans (les pauvres) en France étaient très énervés de ne pas avoir assez d'argent, de nourriture, de vêtements, de maisons, rien en fait. Ils se révoltèrent contre le roi Louis XVI et son épouse Marie-Antoinette, et ils ont obtenu que les choses changent (après un chouilla de massacre et d'effusion de sang.)

« Arrête ! Ne parle pas du sang à nouveau, Papa ! »

Mais on en avait eu ASSEZ. On a pensé que cette idée d'une révolution pourrait marcher, mais on éviterait probablement le massacre et le carnage parce que les professeurs étaient attentifs à garder leurs salles en ordre, et je me serais probablement évanoui, ou j'aurais vomi, ou quelque chose comme ça, et j'aurais été vraiment gêné.

Et voilà que Thomas, Baptiste, Frédéric, Mathias, Alexis et moi, on a préparé un plan du diable.

On a décidé que si un garçon méchant voulait jouer avec nous, on dirait *NON*.

Si un garçon méchant a promis de jouer gentiment avec nous et que nous, on a dit *OUI*, et puis après il devient agressif, on lui dit : *VA-T'EN !* On s'est promis de tous se secourir mutuellement. Tout le temps.

C'était assez amusant, mais un peu effrayant aussi. Je pense qu'on s'est tous rendus compte que c'était une chose importante à faire, sinon on allait être à la merci de ces garçons-là chaque jour, pour toujours. Mais de cette façon, on pouvait créer les règles, et pour moi c'était un grand soulagement de ne plus me confronter à ces gars horribles tout seul. On continuait de se rappeler les règles, en se répétant les uns aux autres :

« Rappelez-vous tout le monde, c'est nous qui décidons qui joue avec nous. Nous faisons les règles de nos jeux. Nous nous soutiendrons les uns les autres. Nous dirons : VA-T'EN à quelqu'un s'il commence à être méchant pendant le jeu. »

Mais j'avais un peu peur que les enfants cruels recommencent à me provoquer. J'avais encore du mal à parler français, en particulier si j'avais beaucoup d'attention sur moi, ou si j'étais dans une situation un peu stressante, et souvent ils se moquaient de moi quand j'essayais de parler français. Je suis resté assez calme à l'école, sauf avec mes copains proches.

Le temps a passé. Trois semaines après, Papa m'a demandé comment les choses progressaient avec les méchants garçons à l'école.

« Ah, eux… Ouais, c'est beaucoup mieux maintenant. On n'a pas arrêté de dire *NON* chaque fois qu'ils perturbaient nos jeux, et à la fin, ils se sont arrêtés. Alors maintenant, on joue selon nos règles. Parfois, on les laisse jouer, parfois on ne le fait pas. Ils ne peuvent jouer avec nous que s'ils suivent ce qu'on veut faire. S'ils veulent changer les règles, ils doivent nous en parler d'abord. »

« Ils sont toujours encore un peu méchants, mais c'était beaucoup mieux après notre révolution et notre solidarité. En fait, je vais même pouvoir inviter l'un d'entre eux à mon anniversaire l'année prochaine. Il n'est pas si terrible, après tout. »

Chapitre 39 Vacances dans les Pyrénées

« Matthew, j'ai des bonnes nouvelles pour toi ! La famille de ton ami Thomas nous a proposé de partir en vacances ensemble dans les montagnes une semaine. Qu'est-ce que tu penses de ça ? » Maman me dit un jour, très excitée.

On avait trop de chance !

Donc, pendant une semaine, on serait avec nos copains français, Thomas, Hugo et leur petite sœur Agathe, et leurs parents Margot et Vincent, pour les vacances à Angoustrine, un village dans les Pyrénées. C'est près de la frontière entre la France et l'Espagne, au sud. Mais bon on n'y allait pas pour traîner, lire des livres et manger des chocolatines. Pas du tout ! On allait faire de la randonnée !

« En fait Maman, je n'aime pas beaucoup marcher, » j'ai dit à Maman un jour. « Mais ça va être *super* parce que Thomas et Hugo seront là ! Mais, tu peux demander qu'Agathe arrête de m'embrasser tout le temps, s'il te plaît ? »

On a loué un gîte juste à côté de nos amis. J'ai dormi avec eux dans leur gîte (youpi !) parce qu'ils avaient un plus grand gîte et que le nôtre était vraiment petit, et n'avait pas assez de lits. Olivia et moi on a alterné pour dormir chez nos amis, parce qu'elle était jalouse et qu'elle voulait rester là-bas aussi.

Edward est resté avec Papa et Maman. Il voulait passer la nuit chez eux aussi, mais Papa et Maman lui ont expliqué que s'il se réveillait dans la nuit à cause d'un cauchemar, ils ne pourraient pas le câliner s'il était dans le gîte à côté.

Il a réfléchi un moment.

« Non. En fait, je vais rester avec vous, Papa et Maman, » il a dit fermement. « Si je n'ai pas mon câlin après mon cauchemar, je vais crier. »

Margot avait un grand livre de balades en famille dans la région.

Chaque jour, on préparait nos sacs à dos avec toutes sortes de choses :

—Une bouteille d'eau - *OK*

—Des vêtements chauds et un imper - *OK et OK*

—Plein de gâteaux pour les goûters, un délicieux déjeuner, et une planque secrète de bonbons - *OK, OK et encore OK*.

On était prêts. Certains jours, on n'était pas loin des lacs et on escaladait sur les rochers, d'autres jours on grimpait des collines jusqu'à une ferme, et un autre jour, on a disparu dans une forêt.

La meilleure journée a été quand on est allés vers un sommet de montagnes dans la neige ! C'était vraiment super.

Nous, les enfants on allait toujours plus vite, avec un des adultes. Il y a juste Agathe que l'on aidait parfois, mais c'est parce qu'elle était petite.

Et à la fin de la journée, on allumait le barbecue et on partageait un peu à manger ensemble pour un long et bon dîner. Puis on jouait à la pétanque sur l'allée.

Thomas avait cette technique incroyable. Il voulait toujours être le dernier à jouer, comme ça il pouvait simplement dégommer toutes les autres boules.

Parfois, il a réussi et il a gagné !

Parfois, il n'a pas réussi, et c'est Maman qui a gagné !

Un jour, on a visité l'Espagne ; juste de l'autre côté de la frontière d'un petit village appelé Bourg-Madame. Eh bien, on a marché environ cent mètres en Espagne quand même, si bien que Maman et Papa ont pu nous acheter des choses indispensables comme des chewing gum et des peluches.

On s'est beaucoup amusés quand on a eu un pied en France et l'autre en Espagne - on était à cheval sur la frontière !

« Hé Papa, regarde-moi ! Je suis à moitié en France et à moitié en Espagne ! Je suis complètement coupé en deux ! Oh là là ! Où suis-je ?! Je ne sais plus ! »

C'était trop cool de sauter entre les deux pays avec Olivia, Edward, Thomas et Hugo. Agathe était souvent avec Maman, à lui tenir la main. Elles semblaient vraiment s'adorer toutes les deux, peut-être parce que l'anniversaire d'Agathe est un jour avant celui de Maman.

Il y avait beaucoup de gendarmes à la frontière aussi, pour la vérification des papiers des gens qui entrent et sortent d'Espagne.

On a pensé que ça avait peut-être un rapport avec les réfugiés qui viennent d'Afrique du Nord, après un coup d'état.

La police avait même des fusils. Cela m'a fait trop peur.

Je me sentais comme Tintin traversant la frontière d'un nouveau pays, ayant peur pour sa vie, peur que les bandits d'une grande et vieille voiture lui tirent dessus avec des fusils à travers la fenêtre, puis le rattrapent.

« Maman, est-ce qu'on a nos papiers sur nous ? » ai-je demandé doucement un peu anxieux (peu importe quels *papiers* c'étaient) ; je me disais que c'était le genre de choses que Tintin avait toujours sur lui).

Mais nous n'avons pas eu besoin d'eux.

On devait avoir l'air clean parce que la police ne nous a pas dérangés. J'imagine qu'on ne ressemblait pas à des réfugiés qui quittent l'Afrique du Nord.

Je suis devenu un peu nerveux et j'y ai beaucoup pensé.

Cette nuit-là j'ai rêvé de poursuites en voiture, de Dupont et Dupond leurs chapeaux melons et leurs parapluies.

Et bizarrement, j'ai rêvé que je portais des tas de bouteilles de rhum lourdes dans mon sac à dos pour le capitaine Haddock sur les cols de montagne rocailleux, essayant de rattraper Thomas, Hugo, Tintin et Milou qui marchaient beaucoup trop vite…

Chapitre 40 *Je viens de recevoir mon évaluation de ma deuxième année à l'école en France !*

Devine quoi ! Je fais mieux que les autres enfants !

Il y a un système de notation de 1, 2, 3 et 4. Numéro 1 signifie qu'on a acquis la compétence, tandis que 4 signifie qu'on ne l'a absolument pas acquise. Je n'ai pas eu beaucoup de 4. Je n'ai pas eu beaucoup de 3.

J'ai eu la plupart du temps, des 1 et des 2 ! Et voici ce que mon professeur a écrit:

« Année scolaire très satisfaisante. Matthew a réalisé de gros progrès en français, à l'écrit comme à l'oral. Admis en 3ème année de cycle 3 avec toutes mes félicitations. »

Alors là c'était juste un peu stupéfiant-tremblement-de-terre-époustouflant pour moi, tu ne crois pas ?! Si je n'avais pas su qu'on parlait de moi, j'aurais honnêtement pensé qu'elle parlait d'un autre garçon du nom de Matthew Meade (totalement génial en trottinette).

Chapitre 41 « Et maintenant, je vous présente la Nouvelle-Zélande ! »

Donc, pour récapituler :

Mes mains transpiraient, mon cœur battait très fort. C'était comme si des fourmis grouillaient dans tous les sens dans mon ventre et elles étaient vraiment occupées. Je paniquais total parce que j'étais sur le point de faire quelque chose de pas facile. Devant moi, vingt-quatre paires d'yeux me fixaient et attendaient que je parle.

—Et si pas un mot ne sort de ma bouche ? me demandais-je.

—Et si tout s'embrouille dans ma tête ?

—Et s'ils rient de mes erreurs ?

—Et si… ?

J'étais dans tous mes états, je prenais mon temps, j'essayais de repousser l'inévitable.

Je les connaissais tous mais cela ne m'aidait pas beaucoup. J'ai ri intérieurement un moment, essayant de me calmer.

Mais là, c'était à mon tour, et je savais que je devais me lancer. Je ne pouvais pas attendre plus longtemps. J'ai pris une grande inspiration, avalé ma salive, toussé un peu. Je me suis retourné vers Papa et Maman pour chercher du soutien et je me suis lancé :

« Bonjour ma classe de l'école St Exupéry. J'habite en France depuis septembre 2009, mais je suis né dans un autre pays. Aujourd'hui, je vais vous présenter mon pays la Nouvelle-Zélande. »

Papa et moi, on avait fait une excellente présentation de la Nouvelle-Zélande sur l'ordinateur. C'était comme un diaporama, et c'était agrandi par un projecteur dans une taille vraiment grande et projeté de la bibliothèque de l'école. Il avait des tas de choses intéressantes à propos de la Nouvelle-Zélande, et des tas de photos cool.

Pendant quarante minutes je me suis tenu devant ma classe et j'ai présenté toutes sortes de trucs importants, intéressants et incroyables : des détails, des extraits, des blagues, des histoires et ainsi de suite, au sujet de mon pays d'origine, sur ma vie, et sur ce qui se passe là-bas. Mais la chose ultra incroyable, a été de le présenter à ma classe, complètement, entièrement et totalement en français !

J'ai expliqué des choses, répondu aux questions, leur ai appris quelques mots en *te reo*

Māori (la langue Māori), et la classe m'a posé beaucoup de questions aussi.

On leur a appris des mots Māori comme :

—*Kia ora* : qui est *Bonjour* en français (et *Hello* en anglais)

—*Haere ra* : qui est *Au revoir* en français (et *Good bye* en anglais)

—*Aotearoa :* qui est le nom Māori de Nouvelle-Zélande et qui signifie *la terre du long nuage blanc* (et *the land of the long, white cloud* en anglais.)

Ils ont tous très bien travaillé, sauf pour deux choses. En français, il y a un autre son « *r* », comme si on toussait à cause de quelque chose dans le fond de la gorge (au moins c'est comme ça qu'on commence lorsqu'on apprend, mais au bout d'un moment il ne sonne pas si dégoûtant).

La façon de dire « r » des Māori, est tout à fait différente - comme s'il s'agissait d'un « r » et « l » mélangés. Ma classe ne comprend pas le « r » des Māori, alors ils ont utilisé les « r » français qui a fait sonné *Aotearoa* et *Haere ra* vraiment drôle pour moi, mais en fait ils l'ont assez bien fait. Je ne me suis pas moqué d'eux parce que je savais combien il était difficile d'essayer de parler une nouvelle langue.

On a montré à la classe comment la Nouvelle-Zélande et la France ont été en lien au cours des années, avec les guerres mondiales et d'autres choses, et comment la Nouvelle-Zélande commémore tous les soldats qui sont morts outre-mer en portant un coquelicot rouge le 25 avril de chaque année ; le jour ANZAC (qui veut dire *Australia and New Zealand Army Corps.*)

Le symbole des coquelicots vient de France, où ils poussent dans les champs sauvages. On a presque arrêté de respirer quand on a vu des champs de fleurs rouges, ici en France, onduler sous le vent, tous se souvenant de tous ces soldats morts. C'est incroyable à voir.

Les deux grand-pères de Maman (Percy et Fred), se sont battus en tant que soldats, en France pendant la première Guerre Mondiale, et la grand-mère de Papa avait des frères qui ont combattu à la guerre aussi (Henry et Jack).

L'un d'eux a même eu sa jambe arrachée par une explosion…

Aïe, ça a dû être trop horrible pour lui (et ça me donne envie de m'évanouir juste d'y penser), parce que la chirurgie et les hôpitaux étaient rares dans les champs de bataille ; ils étaient très basiques et il n'y avait pas d'antibiotiques pour éviter les infections à cause des blessures.

J'ai aussi découvert une petite ville dans le nord de la France appelée Le Quesnoy, qui a tout ses monuments dédiés à la Nouvelle-Zélande. Je sais ! Vraiment bizarre, hein ? Mais il semble qu'une semaine avant la fin de la première Guerre Mondiale (1914-1918), des soldats néo-zélandais ont utilisé des échelles pour grimper sur les murs du village, et ils ont sauvé le village qui avait été sous contrôle de l'ennemi (les Allemands) pendant très longtemps. Depuis, les villageois ont ces endroits spéciaux autour de leur ville pour se rappeler la Nouvelle-Zélande. Il y a même quelques rues nommées d'après des lieux de Nouvelle-Zélande.

Et à Cambridge, Nouvelle-Zélande, il y a un vitrail très spécial à l'église de St Matthew, qui montre des soldats néo-zélandais escaladant les murs de Le Quesnoy à l'aide de leurs échelles. Nous l'avons visité ! Cambridge, en Nouvelle-Zélande et Le Quesnoy, en France sont des villes jumelées maintenant, et elles se rendent hommage chacune le jour de l'Armistice, le 11 novembre, chaque année, parce que c'est le jour de la fin de la première Guerre Mondiale.

Et il y a un *jardin à la française* à l'église aussi.

Je suis allé à Cambridge, mais je voudrais vraiment aller à Le Quesnoy aussi, un de ces jours !

En tout cas, retour à mon histoire ; même si j'étais nerveux, j'ai réussi à parler à ma classe pendant un long moment. Parfois j'ai oublié quoi dire, mais c'était OK. Papa le disait juste en anglais et je le traduisais en français. Parfois je me suis un peu emmêlé les pinceaux, mais ça n'avait pas d'importance. Je le disais une deuxième fois. Parfois les enfants riaient, mais c'était OK aussi - surtout si je venais de faire une blague en français !

Mais mon moment favori a été quand Papa a fait *le haka*. Il a voulu montrer cette danse traditionnelle Māori que des tas d'enfants avaient vu à la télé pendant des matches de rugby. (Il était traditionnellement interprété comme un défi par les guerriers Māori avant une bataille.)

Je les ai prévenus que ce serait un peu effrayant et très bruyant. Mais ils ont adoré ! Papa a été applaudi très fort.

Puis on leur a montré un tas de petites babioles de Nouvelle-Zélande que Maman avait disposées sur une table pour que chacun puisse les voir.

Des choses comme une casquette des All Blacks, une écharpe pour la Coupe du Monde 2011 de rugby, un coquillage poli appelé *paua* (un coquillage qui est la couleur de paon), des livres de photo de Nouvelle-Zélande car il y a des paysages très beaux.

On leur a montré aussi, un pendentif de roches vertes (une pierre précieuse de différentes nuances de vert utilisée pour les armes et les décorations), une sculpture sur os en collier, quelques jouets oiseaux : *un kiwi* (un oiseau de Nouvelle-Zélande qui ne peut pas voler ; notre symbole national) que tatie Helen avait fait, et un oiseau jouet appelé *un tui* qui chantait la chanson *tui* (un autre oiseau de la Nouvelle-Zélande avec une petite chanson très jolie).

Maman aussi a utilisé notre dernière once de *Vegemite* (c'est pour les tartines au petit déjeuner) pour faire goûter aux enfants un petit sandwich de Vegemite. Je leur ai offert et les ai avertis que ce n'était pas doux comme le chocolat ou le Nutella.

Quelle surprise !

La plupart des enfants ont mangé ; je ne pensais pas qu'ils le feraient. J'ai fait un sondage par la suite, et vingt-et-un des vingt-quatre enfants de la classe ont aimé !

C'est très difficile de trouver de la Vegemite en France. Je pense qu'on devrait pouvoir l'acheter partout, parce qu'on doit à chaque fois remplir nos valises de Vegemite lorsqu'on est en Nouvelle-Zélande pour la ramener en France, et c'est vraiment lourd.

« Monsieur Meade, » a dit ma maîtresse gentille, Madame Bertrand, à Papa. « J'adorerais que vous appreniez aux enfants comment faire le haka. Peut-être qu'on pourrait aller dehors pour le faire ? »

Et alors, on l'a fait.

Et ici, de l'autre côté du monde, sur une aire de jeux française, ma classe a appris la danse Māori, le haka.

J'ai pensé que c'était incroyable ! Ma classe a vraiment aimé, et moi aussi.

Puis on a pris une photo en souvenir.

Les professeurs d'Olivia et Edward ont demandé à Papa et Maman de faire un exposé sur la Nouvelle-Zélande à leurs classes aussi, du coup ils ont été tous très occupés par la suite.

Maman a dû trouver un peu plus de Vegemite.

C'était trop génial pour Olivia et Edward aussi.

Cette nuit-là tandis que je m'endormais, je me suis senti vraiment fier de moi. J'avais l'impression d'avoir escaladé le mont Everest tout seul, traversé un océan infesté de requins dans un canot de sauvetage gonflable sans être attaqué, couru à travers un champ de chardons et d'orties piquantes et sans se faire piquer, tombé d'une hauteur giga-énorme d'une montgolfière et survivre, et tout et tout.

Tu vois ce que je veux dire…

JE ME SUIS SENTI SUPER !

Chapitre 42, Qu'avait fait ma famille tout ce temps ?

Papa a réussi sa deuxième année de doctorat à l'université, et on était heureux de le voir beaucoup plus cette année. J'ai aimé ça. L'année prochaine il veut être une *rock star* et jouer de la guitare électrique dans un groupe ! Quand il n'étudie pas, bien sûr.

Il sourit beaucoup intérieurement quand ses collègues étudiants lui disent qu'ils pensent qu'il a environ trente-trois ans (en fait, il en a quarante-trois), mais il devient grognon quand certains de ses professeurs le traitent plutôt comme un jeune de vingt ans.

Il a fait quelques balades à vélo le long du Canal du Midi avec chacun de nous ; toute la route vers le centre-ville pour une glace-violette, parfum-violette, dans un magasin spécial sur le canal.

Maman a aidé quelques français pour la relecture de leurs documents, pour être sûre que leur anglais était parfait. Elle et Olivia ont appris à chanter des chansons en suédois avec la chorale pour le festival Sankta Lucie de cette année. J'ai trouvé que c'était bizarre qu'Olivia et Maman puissent chanter en suédois, alors qu'elles ne pouvaient pas le parler.

Maman est devenue suffisamment courageuse pour demander, *en français*, le poisson frais au supermarché, du coup elle croit qu'elle est très débrouillarde maintenant et peut faire presque n'importe quoi. Elle fait les courses un peu plus vite maintenant, car elle peut lire les étiquettes, et sait que les supermarchés ont de l'agneau de Nouvelle-Zélande (même si ça ne fait pas grand chose parce que je dois dire que l'agneau français est très bon aussi).

Le français de Papa et Maman s'était certainement amélioré, par rapport à quand on est arrivés en France, bien sûr. Le mien était encore mieux, et Maman m'a demandé de lui traduire, quand elle était un peu perdue dans des conversations. Et je n'aurais *jamais* pensé que cela pourrait arriver, tu te souviens ?!

Mais un jour que Maman parlait au téléphone en français, comme elle le pouvait, Olivia a écouté. Après, quand Maman a raccroché, elle a demandé à Olivia si elle comprenait son français.

Olivia lui dit, « Eh bien, Maman, tu es un peu meilleure en français, et il était possible de te comprendre, mais ton accent est…(elle a secoué la tête)…ton accent est tout simplement terrible. » Pauvre Maman !

Olivia a fait son spectacle de gymnastique à la fin de l'année, et son ballet de danse (elle était une étoile cette fois), elle a suivi des leçons de natation et elle a commencé à jouer aux échecs avec ses amies Brigitte, Lucie et Sofia.

Elle était toujours en train de faire des roues ou des grands écarts ou se tortiller beaucoup, comme si elle dansait, et elle a fait des dessins vraiment cools parce qu'elle est trop douée en art.

Elle a gagné le concours de dessin au supermarché du coin pour la Fête des Mères. Elle a beaucoup ri aussi, donc je suppose que tout va bien pour elle. Un jour elle a obtenu la meilleure note en classe pour retenir et réciter un poème sur les saisons de l'année : un poème de trois strophes en français ! Elle a parfois surveillé les devoirs de Maman ; comme la copie en écriture cursive. Puis Olivia la corrigeait et lui donnait une note sur dix.

« Pas *mal*, Maman…mais tu peux mieux faire, » disait-elle.

Olivia parle français maintenant avec un accent parfaitement français, on nous dit. Une fois elle est allée à l'anniversaire d'une amie, et la Maman de son amie a pensé qu'Olivia était une vraie, petite fille née en France, parce que son accent était super.

Edward a fait de la gymnastique aussi, mais il était très effrayé de faire son spectacle devant tout le monde. Il aimait shooter dans un ballon avec ses amis après l'école chaque fois qu'il pouvait, et il va jouer au foot l'année prochaine, où ils ont un uniforme spécial ; il est très excité.

Sa couleur préférée est le *beige*, et il aime son pyjama Superman, même s'il n'est pas beige. Il a invité dix-sept enfants pour ses six ans; beaucoup de garçons et de filles (la fête était totalement géniale), et il a les cheveux bouclés comme son ami, Maxime. Certaines de ses peintures, avec le reste de sa classe, ont été exposées au Musée des Abattoirs au centre-ville. Le thème de l'exposition était la couleur et la forme, et c'était cool.

Edward a aussi cet accent Toulousain très fort qui m'a fait rire un peu. Il a dû le prendre de Marie-Blanche, l' assistante de l'enseignante de sa classe, qui a un fort accent. Au lieu du *pain*, il dit le *peng*. Les mots avec « *ain* » à la fin deviennent « *eng* ». Donc, un accent *Toulousain* devient un accent *Toulouseng*.

Mais, ça alors ! Il parlait français ! Je pense que quelqu'un de Paris aurait pu penser qu'il était un vrai français de Toulouse, plutôt qu'un néo-zélandais !

Je pense que son accent va changer un peu quand il commencera le CP dans mon école en septembre. Il a fini la maternelle et il est assez excité d'être finalement, un grand enfant. Un jour, il a utilisé le mot *onduler* pour décrire les vagues à la plage, alors je pense qu'il est en train d'apprendre quelque chose.

Il a dit un grand merci et au revoir à Madame Titine et à Marie-Blanche à la fin de l'année scolaire. Madame Titine était très triste, parce que c'était son dernier jour de sa vie d'enseignante.

Elle a enseigné pendant trente-huit années, et maintenant elle va prendre sa retraite, profiter de son jardin, et chanter dans des chorales, ou faire d'autres choses. Maman a dit qu'elle irait prendre un café avec Madame Titine l'an prochain quand tous les enfants de maternelle lui manqueront (et maintenant elles se donnent des cours de français/d'anglais !)

J'ai reçu une médaille pour la natation, j'ai fini mes cours de judo avec une ceinture jaune à bandes orange, et j'ai joué au tennis sous le soleil, le vent, la pluie et dans le brouillard.

Et attends : j'ai même dansé dans un spectacle chorégraphié par ma classe ! Et on a dansé environ cinq fois pour différents événements à Ramonville St-Agne et à Toulouse. C'était tout autour de la nature, du vent et de l'eau et de la pluie.

J'ai été bien meilleur en course à pied cette année : pas le premier, et pas l'avant-dernier non plus devant le garçon-qui-avait-un-problème-avec-sa-jambe, mais bien dans la moyenne. YOUPI !

On s'est beaucoup entrainés pour ça, et j'avais mes nouvelles chaussures de tennis, ce qui m'a beaucoup aidé. Et, bien sûr, je savais ce que je faisais parce que je l'avais déjà fait avant !

Je suis allé à plusieurs voyages scolaires avec ma classe. Papa est venu avec nous lors d'un voyage à Cordes sur Ciel. On a dû grimper et grimper et grimper une colline escarpée jusqu'à la vieille cité médiévale, plantée au sommet.

On a eu une visite guidée (en français) qui était cool. Papa s'est endormi dans le bus sur le chemin du retour.

On a terminé l'année avec la kermesse encore. Il y avait des jeux supers où on pouvait gagner des tickets pour acheter des pistolets à eau et d'autres choses. Alors, on a fait des batailles d'eau géantes sur la pelouse, et on était tous trempés. Même Papa a joué avec nous !

Comme l'année dernière, le soleil ne s'est pas couché avant 22h00, ce qui était environ l'heure quand on est rentrés à la maison.

Ce même week-end, le dimanche midi, Papa a invité plusieurs de ses amis de l'université chez nous, pour un barbecue. C'était un jour vraiment chaud (environ 35 degrés Celsius), et les amis de Papa sont *tombés* dans notre pataugeoire.

Ils étaient tous tellement jeunes que mon Papa aurait pu être *leur* Papa. Maman a trouvé que c'était drôle, jusqu'à qu'elle réalise qu'elle était assez vieille pour être leur *Maman*.

Plus tard, on a poussé Papa dans la pataugeoire pour le rafraichir.

« Hé, Papa ! Tu as ton portable ou d'autres appareils électroniques dans tes poches ? » je lui ai demandé l'air de rien et calmement avant qu'on le pousse dans l'eau. (Il aurait dû dire *oui* !)

Et on est resté là pendant un bon moment, tous les cinq.

Chapitre 43 Deux ans plus tard : qu'est-ce que je pense de la France ?

L'autre jour, Maman a dit, « J'aurais aimé avoir une machine à voyager dans le temps. »

Je dois dire que je l'ai un peu ignorée parce que c'est une autre de ces choses qu'elle disait toujours. Elle aurait voulu voyager dans le temps et voir les civilisations anciennes, et rencontrer des gens de sa famille il y a des années, et porter des vêtements démodés et bizarres, et tout.

Elle voudrait aussi vider tous les océans du monde pour voir ce qu'il y a sous toute cette eau, et voir où se trouve le trésor. *Et* elle voudrait connaître tous les secrets de l'univers, et s'il y a de la vie ailleurs, et si elle peut visiter d'autres planètes et parler avec les extra-terrestres. Mais c'est véritablement une autre histoire.

En tout cas, Maman disait : « J'aurais aimé avoir une machine à voyager dans le temps. Je voudrais pouvoir tous vous emmener dans cette machine et vous ramener deux ans en arrière quand on est arrivés en France, quand tout était étrange et qu'on ne savait pas parler français. Vous vous souvenez combien vous avez détesté ? Vous vous souvenez comment on a trouvé ça difficile, et comment on pleurait tout le temps ? »

Eh bien, pour être honnête, je ne pouvais pas m'en souvenir. Je vérifiais le programme TV pour savoir quand *Top Gear* passait la prochaine fois et je me suis arrêté.

« En fait, Maman, » j'ai dit. « La Nouvelle-Zélande me manque vraiment, vraiment beaucoup. »

« Oh, mon garçon chéri, mon petit cœur, » a dit Maman, se sentant vraiment pas bien à l'idée de m'emmener loin de ma sécurité, ma vie, mes joies.

« Qu'est-ce qui te manques le plus en Nouvelle-Zélande ? Est-ce tes amis de l'école ? Est-ce les plages, ta maison, nos vacances, tes chers, chers grands-parents ? Dis-moi, Matthew, et je vais t'aider ! Je vais te consoler ! »

« Non, Maman, ce n'est pas ça du tout. Ce qui me manque vraiment c'est toutes mes voitures et mes camions. Peut-on les reprendre du stockage quand nous y retournerons ? »

Et puis j'ai réfléchi un peu plus.

« En fait, Maman, j'ai aimé la France à la minute où on est arrivé. L'apprentissage du français n'a pas été difficile du tout. J'aime vraiment être ici, et j'ai des tas de copains. Non, honnêtement, ça n'a pas vraiment été dur pour moi, pas du tout. »

Et alors, une chose étrange s'est produite. Maman a glissé de sa chaise, sur le plancher, et est restée là avec un air étourdi. Elle a demandé à Papa un verre de remontant (vraiment fort), et je ne pense pas qu'elle parlait de lait avec un supplément de calcium.

—Ben alors, qui fait un drame de toutes ces choses maintenant ? pensais-je.

Elle peut être *tellement* dramatique parfois.

Chapitre 44 Dernières pensées

J'aime la France.

Et j'aime vraiment mes amis français.

J'aime aussi être en Nouvelle-Zélande, et avoir une autre vie entière quand on y retourne pendant les vacances.

J'aime me dire que je peux penser et parler et écrire et jouer dans les deux langues. Je peux regarder des films dans les deux langues et comprendre les blagues !

Je connais même des gros mots dans les deux langues (mais je ne suis pas censé les dire), et maintenant que je suis un peu plus âgé, je crois que tout est assez cool.

Parfois, Edward veut regarder des films dans une autre langue, comme le portugais, car il a décidé que, depuis qu'il a appris le français, il peut apprendre une troisième langue aussi !

Je ne suis pas tout à fait prêt pour ça.

En fait, Papi et Mamie, Nana et Poppa me manquent. Et tous mes amis néo-zélandais me manquent aussi.

Je sais que Maman rit, ou peut-être crie, quand elle pense à tous les changements qu'on a dû faire, mais on est OK. Et Papa dit qu'il est « vraiment,

vraiment heureux d'avoir donné à ses enfants l'opportunité d'expérimenter la vie dans une culture différente. »

« La vie change, Matthew mon chéri, » disent Maman et Papa quand ils sont très pensifs, assis dehors, dans le silence du soir et du soleil couchant, à déguster un verre.

« Rien ne reste pareil, et les amitiés vont et viennent. C'est vraiment une bonne chose d'apprécier entièrement, ce que tu as autour de toi, les amis que tu as, en ce moment, parce que ce moment de ta vie ne durera pas éternellement. »

Je pense que je peux comprendre ce qu'ils disent, maintenant qu'on a laissé mes amis en Nouvelle-Zélande. Je vois que la vie change.

Et je ne savais vraiment pas si je me plaisais ici, ou si j'allais finir par ressembler à des garçons français avec un tas de cheveux et une longue frange qui tombe, et bien sûr tu sais que mes parents me taquinaient à ce sujet (rappelle-toi, les blagues *de chat*).

En fait, je pense que maintenant, j'ai plus de courage, et c'est plutôt cool d'être ici en France.

ET C'EST LA FIN DE MON HISTOIRE !

Postscriptum

Soit dit en passant, ce que je veux vraiment faire c'est un grand voyage à travers toute la France, avec ma famille, visiter tous les endroits qui ont un lien avec la Nouvelle-Zélande, comme le champ de bataille de la Somme, le village de Le Quesnoy, certains tunnels qui ont été creusés par des soldats néo-zélandais, et d'autres lieux. Il y a des tas de trucs à voir et à faire, et ce serait tellement trop cool !

Et pour la fin de la fin, encore une chose, l'année prochaine en France, je vais au collège, et j'ai entendu dire que c'est vraiment dur. Aïe… Qu'est-ce que ça va être ! Oh non ! Help !

Annexes

Annexe 1 À propos de l'école en France

L'école commence à 09h00 (à mon école) mais les enfants peuvent arriver à 07h45 pour que les parents puissent aller au travail. Toutes les écoles ont des systèmes différents, et quelques fois elles commencent plus tôt et finissent plus tôt.

Les animateurs sont à l'école avant qu'elle ouvre, ils aident à superviser et jouer à des jeux avec nous pendant l'heure du déjeuner et la récréation, et après l'école. Maman dit qu'elle pense que c'est un bon système parce les professeurs prennent une pause pendant la journée, et n'ont pas la responsabilité des enfants tout le temps.

On travaille dur en classe jusqu'à midi, avec une petite pause le matin pour courir et prendre un goûter.

L'heure de déjeuner à mon école dure deux heures, ce qui me semblait beaucoup de temps au début, mais complètement normal maintenant. Et comme je suis un enfant plus âgé, je joue pendant la première heure, et puis à 13h00, je mange avec les autres enfants de mon âge. Les petits mangent au début et jouent plus tard.

(Je vais t'en dire plus sur la cantine bientôt.)

Après, on travaille de 14h00 à 17h00, et on a une autre petite-pause-courir-manger-quelque-chose-rapidement dans le milieu de l'après-midi aussi. Quand la cloche sonne à 17h00, on peut sortir. Ou pas ! Quelques enfants sont récupérés vers environ 17h00, pendant que quelques autres restent au CLAE, ouvert jusqu'à 18h15, avec les animateurs.

C'est un long jour, c'est sûr ! Mais la chose totalement cool est qu'on va à l'école seulement le lundi, mardi, jeudi et vendredi. On ne va pas à l'école le mercredi ! C'est un jour entier loin de l'école, chaque semaine ! Cela peut signifier qu'on passe de longues heures à l'école chaque jour, mais cela signifie aussi qu'on fait la plupart de nos activités extrascolaires le mercredi (bien qu'on fasse parfois aussi des choses après l'école). Certaines écoles ont école les mercredis, mais c'est juste le matin.

Il y a des tas d'activités qu'on fait le mercredi. Quelques fois ça peut être un peu déroutant : tennis, natation, judo, gymnastique, la danse classique (pour Olivia, pas pour moi), échecs… ? C'est bien que je sois dans la voiture avec Maman pour lui rappeler où on va.

Je ne sais pas ce qu'elle ferait sans moi.

Et tu dois savoir aussi qu'à l'école il n'y a pas d'équipement de jeux comme on a en Nouvelle-Zélande.

À la place, les enfants jouent aux billes ou à l'épervier, ou au foot, ou au basket, ou bien à ce jeu où l'on frappe un ballon de foot sur une table de ping-pong pour faire perdre l'autre personne. C'était bizarre sans l'équipement de jeu que j'utilisais en Nouvelle-Zélande, mais c'est normal maintenant. On joue à des jeux différents.

Mon école porte le nom d'un célèbre aviateur et explorateur français, Antoine de St Exupéry. Il a écrit *Le Petit Prince*, un livre bien connu en France. On a même des illustrations du livre peintes dans notre école. Et il y a une citation du livre que tout le monde connaît , et que les gens disent n'importe quand. C'est : « S'il vous plaît, dessine-moi un mouton ! »

—Hein ??

Tous les enfants ont ces sacs roulants (cartables) pour l'école aussi, comme s'ils allaient prendre l'avion ou quelque chose comme ça. J'ai pensé que c'était bizarre, mais en fait, c'est une bonne idée parce que les livres scolaires sont si lourds, et il y en a tellement que c'est le meilleur moyen de les déplacer. Mon cartable est trop chouette, parce que quand on le tire les roues clignotent de toutes les couleurs.

Qu'est ce qu'on apprend à l'école ? Eh bien, on apprend l'histoire française (les Gaulois, les Romains, les rois et les reines, et comment tous ces gens vivaient), la langue française (parlée, écrite, la littérature française et de la poésie), la langue anglaise, la géographie (surtout de France pour l'instant), la danse (parfois), et le sport. Un jour, un coup d'œil rapide à mon agenda par hasard m'a montré qu'on étudiait l*es peuples barbares en Gaule, et les grandes invasions.* Cool !

Quand on a nos leçons d'anglais, on a un autre professeur qui a reçu une formation spéciale pour enseigner l'anglais, même si elle est française. Je dois dire que mon anglais est *beaucoup mieux* que le sien, et quelques fois elle m'a demandé de faire de véritables démonstrations vivantes pour montrer comment dire quelque chose en anglais. Olivia et Edward font pareil. Je pense que tous les enfants de mon école vont finir par avoir un accent néo-zélandais comme nous.

Est-ce nécessaire de dire que ma matière préférée est l'anglais… ?! Bien que je sois maintenant assez bon à la lecture, à la mémorisation de texte *en français* et à la poésie par cœur, et que je sois capable de réciter devant la classe !

Quand prend-on nos vacances ? En Nouvelle-Zélande, j'étais habitué à commencer l'année scolaire en février, et on continuait toute l'année jusqu'en décembre, sauf pour les vacances de fin de trimestres bien sûr. Après, c'était Noël et les longues vacances scolaires dans l'été ensoleillé et chaud (si on a de la chance avec la météo, bien sûr).

En France, l'école commence en septembre à la fin de l'été, après deux mois de vacances glorieusement chaudes et ensoleillées. Le début de l'année scolaire c'est un sacré truc appelé la rentrée, et tous les magasins ont des soldes spéciales et des publicités pour les affaires d'école les plus derniers cris et les plus cools.

Les vacances ont des supers noms. Après les longues vacances d'été, on a aussi les vacances pendant l'année. Elles sont appelées : Toussaint, Noël, Hiver et Printemps (et en anglais elles sont appelées : *Autumn, Christmas, Winter* et *Spring.*)

Annexe 2 Et ce qui se passe pendant les vacances scolaires ?

Ah oui! Il y a aussi les activités pendant les vacances scolaires ! Il y a beaucoup de choses cool à faire, si ta Maman n'oublie pas de t'inscrire à l'heure parce qu'il y a des tas d'enfants de Ramonville St-Agne et l'autres villages à proximité, qui veulent les faire.

Une fois, Olivia et moi on a appris l'escrime, avec une épée ! On est debout avec une posture étrange et puis on traîne les pieds qui vont et viennent comme un crabe (sauf que les crabes traînent les pieds en oblique, alors c'est *un peu* différent.)

Une autre fois, Olivia a fait de l'escalade, c'est à dire grimper sur des roches sur un mur à l'intérieur. Elle aimait beaucoup et elle l'a fait très bien, sauf que Maman ne voulait pas acheter des chaussures spéciales d'escalade parce qu'elle allait en faire seulement une semaine, sacré nom d'une pipe.

On ne va pas aux programmes de vacances tout le temps. Quelquefois on reste à la maison et on fait du vélo, trottinette, rollers, monter et descendre l'allée. On a vraiment faim, alors Maman nous fait beaucoup de choses à manger, ou elle fait la cuisine avec nous.

Tu te rappelles que j'ai dit qu'on n'a pas l'école le mercredi ? Alors, Edward fait une activité régulière chaque mercredi matin pendant les trimestres, et toute la journée pendant les vacances. C'est au Centre de Loisirs. Les animateurs de l'école sont là aussi, et ils font beaucoup d'activités géniales avec les enfants.

Je suis allé au Centre de Loisirs plusieurs fois, et on a fait des trucs comme une boum, une sortie au cinéma pour voir un film, on a fait du vélo le long du Canal du Midi, et on a fait une excursion d'une journée à la patinoire, plus des tas d'autres activités comme le sport, l'art, la cuisine, tout ça. Cool !

La meilleure activité qu'Olivia et moi, on a fait ça a été la Ferme de Cinquante, à Ramonville St-Agne. Il y a beaucoup d'animaux là-bas, et on a dû apprendre comment ils sont et comment ils mangent et on a fait d'autres activités comme faire du pain.

Mais attends !

On a vu un grand cochon mordre la queue d'un autre cochon un peu plus petit. Le grand cochon essayait de montrer aux autres cochons *qu'il* était le plus important (le chef !).

Maman, Olivia, Edward et moi, on regardait les cochons manger quand tout à coup un cochon (avec la queue mordue) a commencé à crier aigu comme un bébé blessé. C'était terrible.

Edward a fait un bond d'environ deux mètres en haut et dans les bras de Maman, parce que le cochon criait horriblement. Olivia et moi, on a sursauté aussi. Il y avait du sang partout, et j'étais nauséeux. Je n'oublierais *jamais* ça.

Mais, à part ça, c'était vraiment super là-bas.

Annexe 3 Le déjeuner à l'école et la cantine

En France, ça à l'air très important pour tous les enfants de s'asseoir à table et manger chaud pour le déjeuner à l'école. C'est vraiment différent du   néo-zélandais : amène-avec-toi-ton-propre-pique-nique-chaque-jour-pour-l'école, ça c'est sûr.

En Nouvelle-Zélande, aucune école n'a de cantine comme ils ont en France (peut-être une ou deux le font).

Alors, chaque matin (ou la veille), tu (ou, on espère, ton Papa ou ta Maman) prépare ton pique-nique : sandwich, yaourt, fromage, fruit, biscuits, ou quelque chose comme ça.

Ici, en France, ce type de repas s'appelle un pique-nique (comme le mot anglais, *picnic*), et quand on en a un c'est un traitement spécial. Donc si on fait une sortie avec l'école quelque part, on emmène avec nous un pique-nique fait maison, ce qui, je dois dire, est une nouveauté pour les enfants de ma classe ! La plupart des enfants ont l'air d'avoir beaucoup de bonbons dans leur sac.

Chaque mois, le menu est envoyé à toutes les écoles de Ramonville St-Agne pour présenter les repas de chaque jour. Tous les matins avant d'aller à l'école, on regarde ce qu'il y a au menu. Chaque repas commence par une entrée, puis un plat principal, et se termine avec un dessert.

On a aussi de la nourriture Bio, et des repas végétariens.

Les repas sont préparés à la cuisine centrale de Ramonville St-Agne qui les livre ensuite aux écoles. Les petits enfants mangent pour le premier service. Ils sont assis à table et c'est l'équipe de la cantine qui porte des vestes blanches qui les sert.

Olivia dit qu'elle peut deviner ce qu'on aura à midi juste en regardant le sol : *au menu sur le plancher* (à cause des miettes).

Voici quelques exemples des différentes choses qu'on a :

Entrée
Betteraves Rouges et Crème Fraîche
Asperges Vinaigrette
Concombres au Yaourt et Ciboulette

Plat principal
Tajine d'Agneau aux Amandes, et Couscous
Lapin à la Provençale et Courgettes aux Herbes
Pavé de Saumon, et Haricots Verts Sautés

Dessert
Fromage Blanc et Confiture
Flan Vanille et Fruit
Mousse au Chocolat et Biscuit

Oh, et, on a toujours du pain français à midi - bien sûr ! On s'en sert comme un couteau pour pousser la nourriture sur nos fourchettes et saucer nos assiettes.

On n'a pas de petites assiettes pour le pain ; il est posé sur la table, à côté de la grande assiette, et on prend juste un bout quand on veut. C'est plutôt normal ici.

Edward veut du pain comme ça chaque jour à la maison maintenant, et même Papa trouve que c'est une sacrée bonne idée.

Annexe 4 Les choses que j'ai remarquées en France

Les voitures

J'aime les voitures. Il y a plein de Renault, de Peugeot et de Citroën en France, et on n'en voit pas beaucoup en Nouvelle-Zélande. Elles sont plutôt petites, et les gens ici les conduisent si vite qu'elles sont presque floues et font un bruit du tonnerre. La plupart des voitures en France sont amochées et rayées. Du coup notre voiture est *très* française.

Ce n'est pas habituel de voir des voitures qui ne sont pas françaises ici, bien que Maman conduise une Rover anglaise avec le volant du bon côté (à droite comme en Nouvelle-Zélande). On a plein de regards effarés quand les conducteurs remarquent qu'il n'y a pas de conducteur à gauche, ou que c'est moi qui suis assis à la place du conducteur parce que je suis trop petit pour conduire. Maman dit qu'ils font un *double-take* (double regard). La plupart des gitans qui lui demandent de l'argent au feu rouge sont un peu surpris aussi.

Une fois, Maman et tatie Angela (qui était venue en France) ont vu un chien conduire une voiture. Enfin, c'est ce qu'elles ont cru. En fait, le chien était assis du côté français de la voiture ; c'était le chien qui était sur le siège passager. Elles en ont beaucoup ri.

Choc culturel

Je ne sais pas vraiment ce que ça veut dire. Tout ce que je sais c'est que les choses sont différentes ici. Rien n'est écrit en anglais, et si jamais c'est le cas, c'est uniquement dans les publicités, Papa dit. Donc, pour commencer on s'habitue à voir des choses que l'on ne comprend pas. En fait, on devient très observateur, et ça prend une énergie folle la première année.

La culture française

Maman rappelle toujours combien elle l'aime. À mon avis, personne ici n'est aussi éduqué qu'en Nouvelle-Zélande. Les enfants mangent la bouche ouverte et tentent de parler en même temps. Quelquefois, j'aimerais changer de table à la cantine parce que je me trouve aspergé de nourriture quand mes amis me parlent. Beurk !

Il y a trop d'ordures partout en France et ma sœur et Maman sont plutôt inquiètes à ce sujet.

Nourriture et boisson

La nourriture ici est plutôt bonne et on peut manger plus de canard, de lapin, de dinde, et des saucisses de Toulouse, et du cassoulet, et du foie gras. Papa dit que boire de l'alcool ici ce n'est pas aussi compliqué qu'en Nouvelle-Zélande (ou du moins les gens boivent différemment - peu importe ce que ça veut dire). Peut-être qu'ils boivent ici juste pour accompagner leur repas plutôt que de se saouler.

Famille

Ce que je vois ici c'est que les familles ont vraiment l'air d'aimer être ensemble, pour faire plein de choses à plusieurs avec tous leurs amis.

En général, les gens sont plutôt respectueux des plus vieux, et les vouvoient. Dans les magasins les gens sont vraiment gentils et serviables.

Et c'est très important de faire la bise aux grands (tu sais, le truc du bisou sur chaque joue), surtout quand ils viennent nous voir ou quand on va chez eux.

Histoire

Les français vivent ici depuis des lustres. Genre des centaines et des centaines d'années. C'est vraiment intéressant d'y penser et maintenant on doit l'apprendre à l'école aussi. Je connais quelques trucs sur les rois de France maintenant, et les dates où ils avaient le pouvoir.

Il y a des endroits à visiter (si vieux que mon cerveau ne peut imaginer), et des choses incroyables à voir comme les vieilles arènes romaines où les gens se battaient jusqu'à la mort, parfois contre des animaux affamés. Beurk ! Je lis plein de livres Horrible History (en anglais), et je comprends mieux quand ils parlent de la France : j'y suis et je le vois. C'est cool.

Annexe 5 Des recettes que tu peux essayer

Maintenant, je peux faire des recettes françaises délicieuses. Maman aime cuisiner, faire des gâteaux et quelques fois elle me permet de l'aider. Je peux faire des recettes tout seul !

Salade avec une vinaigrette française

Coupe des feuilles de salade du jardin ou du supermarché, laver, filer et bien drainer. Puis jette le tout dans un grand bol.

Pour la vinaigrette française, mettre ½ cuillère à café de moutarde à l'ancienne (ou de moutarde fine) dans une petite tasse, ajoutez 3 cuillères à café de vinaigre balsamique, puis très, très lentement ajoutez environ 6 cuillères à café d'huile d'olive tout en battant énergiquement le mélange avec une petite cuillère. Cela permet de s'assurer que l'huile combine bien avec le vinaigre et la moutarde. Mélanger cette sauce dans la salade juste avant de vous mettre à table pour que tout le monde mange.

Bâtonnets de carottes avec une sauce aux herbes

Pèle tout un tas de belles carottes et équeute-les. Puis coupe-les en petits bâtonnets. Vas au jardin et coupe un peu de ciboulette, du persil et des feuilles de thym et hache le tout. Mets un peu de fromage blanc dans un bol et ajoute une pincée de sel, un filet d'huile d'olive et un autre de jus de citron.

Enfin mélange les herbes et tu as ta sauce aux herbes. C'est bon.

Le pain perdu

Utilise n'importe quel vieux pain français comme une baguette ou une flûte, ou encore du pain en tranches. Trempe le pain dans les œufs battus, un peu de sucre brun et de cannelle que tu auras mélangés ensemble parfaitement. Puis fais frire doucement le pain dans une poêle à frire avec un peu de beurre. Facile ! C'est très bon, *miam, miam* au sirop d'érable.

Croque monsieur

Il s'agit d'un sandwich grillé au fromage et au jambon, soit dans une machine à sandwich ou dans une poêle à frire avec un peu de beurre. Le faire frire des deux côtés !

Fondant au chocolat

250g de beurre, 250g de chocolat noir, 250g de sucre, 5 œufs, et 1 cuillère à soupe de farine. Faire fondre le beurre et le chocolat ensemble. Retire du feu et, ajoute le sucre et, les cinq œufs et mélange bien, puis ajoute la farine. Puis mettre à cuire dans un four chaud, pendant environ une heure. Verse dans un moule à cake et laisse cuire lentement (environ 170 degrés Celsius) pendant aussi longtemps qu'il le faudra pour que le gâteau ne soit pas trop moelleux au milieu.

Laisse refroidir un peu avant de servir avec de la crème ou des fruits rouges ou de la crème glacée ou avec de tout ! Je ne peux pas manger trop de celui-ci parce qu'il est trop riche, et même quand j'essaie, c'est vraiment dur. Une fois, Maman l'a fait et a complètement oublié de mettre du beurre dedans, et ben, il fonctionnait toujours et il était vraiment délicieux !

Cannelé (on peut les appeler *canelé*, *canelet*, *cannelet*, *canaule*, *canaulé* ou *canaulet* aussi…)

1 litre de lait, 100g de beurre, 500g de sucre en poudre, 4 jaunes d'œufs, une gousse de vanille ou 1 cuillère à café de sucre vanillé, 150ml le rhum si vous voulez, et 300g de farine. Fais le mélange, puis laisse-le reposer dans le réfrigérateur pendant toute une nuit. Pour le mélange, mettre le lait et le beurre (et la gousse de vanille ou essence de vanille) dans

une casserole et faites fondre le beurre doucement. Retirer du feu et ajoute les jaunes d'œufs et bien mélanger.

Puis ajoute la farine tamisée, le sucre et le rhum, et bien mélanger. Laisser toute la nuit, couvert, au réfrigérateur.

Le lendemain, verse le mélange dans des moules spéciaux à cannelé soit les grands ou soit les minis. Remplis seulement les 2/3 ou ils déborderont et brûleront dans le four comme ça nous est déjà arrivé. On l'a découvert nous-mêmes ! Ou, tu peux mettre une plaque à pâtisserie sous le plateau des cannelés.

Puis cuire dans un four chaud, 200 degrés Celsius pendant environ une heure, jusqu'à ce qu'ils soient bien caramélisés à l'extérieur. Retourne-les sur un plateau et laisse-les refroidir avant de les déguster et les engloutir.

Charlotte aux fraises

Prendre beaucoup de petits boudoirs (environ 20-30), beaucoup de fromage blanc, des fruits frais ou congelés, et un peu de crème à fouetter. Mettre dans un bol 2 cuillères à soupe de sucre et environ une tasse d'eau. Trempe chaque boudoir dans l'eau et sors-le rapidement. Tapisse le fond et le bord du moule spécial-Charlotte-aux-fraises, ou d'un bol.

Lorsque tu les as mis en cercle tout autour du moule ou du bol, avec une cuillère, mettre des tas de fromage blanc ou de yaourt nature ou de la crème, et beaucoup de baies fraîches ou congelées. On peut également ajouter un peu de chocolat râpé ou pépites de chocolat, ou un zeste de citron râpé.

Ensuite, mets une couche de boudoirs trempés sur le dessus des ingrédients super trop délicieux en dessous et appuyer fort avec une assiette, ou avec le couvercle du moule spécial. Mets-le dans le congélateur pour le geler.

Quand il est bien gelé, démoule, ou renverse le bol à l'envers sur une plaque, et mange avec de la crème ou encore plus de fruits rouges, ou alors une sauce au chocolat. Il sera délicieux !

Un jour, nos amis Thomas, Hugo, Agathe et leur Maman, Margot, venaient nous voir, et Maman leur a donné des cannelés qu'elle avait faits.

Plus tard, Hugo (qui adore la nourriture et voudrait être un chef cuisto plus tard) a demandé à sa Maman s'ils pouvaient faire des cannelés aussi, mais Margot a dit qu'elle n'en avait jamais fait avant, et ne savait pas comment les faire.

Alors, ils ont téléphoné à Maman et ont demandé, « Pouvez-vous venir chez nous et nous montrer comment faire les cannelés, s'il vous plaît ? »

Donc, on est allés à leur maison et on a fait des cannelés. Après environ une heure, et quand ils ont eu refroidi, nous (Margot, Thomas, Hugo,

Agathe, Maman, Olivia, Edward et moi) les avons tous mangés. Ils ont disparu *très rapidement.*

Ils étaient si délicieux, et en fait je dois dire que les cannelés de Maman et Margot sont meilleurs que les cannelés des magasins. Il y a des magasins *entiers* qui vendent seulement des cannelés, parce qu'ils sont très célèbres à Toulouse.

Margot, la Maman de Thomas et Hugo, fait aussi la meilleure Charlotte aux fraises. C'est sa recette dans la liste, avant.

NOTE de l'édition française:

On nous demande souvent une recette traditionnelle néo-zélandaise. C'est une recette de biscuits appelés ANZAC. Ces biscuits sucrés sont très populaires en Nouvelle-Zélande et en Australie, ils ont longtemps été associés à l'*Australian and New Zealand Army Corps* (ANZAC), fondée pendant la première Guerre Mondiale. Les biscuits étaient envoyés par les épouses des soldats à l'étranger, parce que les ingrédients ne périssaient pas et que les biscuits se conservaient bien pendant le transport naval.

ANZAC biscuits

Dans un bol, mélange 100g de flocons d'avoine, 75g noix de coco, 100g de farine, 200g de sucre. Fais fondre 115g beurre, 50g *golden syrup* (un produit du sucre raffiné de l'Angleterre, la

Nouvelle-Zélande, etc.) Dissoudre 1 cuillère à café de bicarbonate de soude dans 2 cuillères à soupe de l'eau bouillante. Ajoute au mélange le beurre et le golden syrup et mélange avec une cuillère en bois, jusqu'à ce qu'il devienne mousseux et pâle. Ajoute ce mélange aux ingrédients secs et bien mélanger jusqu'à obtenir une pâte friable.

Préchauffe le four à 180 degrés Celsius. Dépose des cuillerées à café du mélange sur une plaque de cuisson froide (recouverte de papier sulfurisé). Laisse un espace autour de chaque biscuit qui s'étale en cuisant. Fais cuire à la fois pendant 10-15 minutes, jusqu'à ce que les biscuits soient bien dorés. Laisse refroidir sur une grille et conserve-les ensuite dans une boîte (s'ils n'ont pas tous été mangés !)

Annexe 6 Quelques mots français que j'ai appris

Voici une liste des mots et des phrases vraiment utiles qui, je pense pourraient t'aider si un jour, tu es inscrit à l'école française, contre ta volonté, sans connaître un mot de la langue.

J'espère que ça t'aidera beaucoup. (Je vais te donner la traduction anglaise aussi.)

Qu'est-ce que c'est que ça ?

What's that ?

Je trouve ça vraiment drôle que toutes ces lettres et des mots étranges posent une si petite question !

Bonjour

Hello

On doit toujours dire *Bonjour* à des gens.

Salut, Salut

Hello, Goodbye or Hi, Bye

Au revoir

Goodbye

Oui, Non

Yes, No

Ouais
Yeah

Monsieur
Mister, Mr.

Madame
Mrs

Mademoiselle
Miss

Ça va ? Ça va
How are you ? I'm fine

Merci, Merci beaucoup
Thank you, Thank you very much

Avec plaisir, De rien
With pleasure, It's nothing

> Quand quelqu'un te dit **merci**, tu réponds :
> **avec plaisir** - *with pleasure*, si tu es du sud de la
> France, ou : **de rien** - *it's nothing*, si tu es du
> nord de la France (très généralement, bien
> sûr).

S'il vous plaît
Please (formel)

S'il te plaît
Please (à tes copains)

On y va, Vas y, Allez y
Let's go

Quel dommage
What a shame

Ce n'est pas grave
It's not important

À la prochaine

See you next time

À bientôt

See you soon

À tout à l'heure

See you very soon

Comment ?

What ?

> La traduction littérale est *How ?* mais les français utilisent *Comment ?* au lieu de *Quoi ?*

Donc, Alors

So

Hein ?

Huh ?

Youpi !

Yahoo ! ou *Yippee !*

Pas de souci

No worries

> On entend cette phrase souvent.

Tant pis

Never mind

> Une bonne réponse à de tristes nouvelles de nature mineure.

Tant mieux

That's great

C'est obligatoire

You've got to do it.

> Quand mon ami Thomas était petit, il n'aimait pas manger quoi que ce soit avec du chocolat

dedans; en réalité, il préférait manger des épinards. Un jour, sa Maman lui a donné une mousse au chocolat pour le dessert et il a refusé d'en manger ! Peux-tu y croire ?! Sa Maman a dit : « Mange ta mousse au chocolat Thomas ! Maintenant ! C'est obligatoire ! »

Mince !

Oh bother !

M***E

[*****]

(Je suis désolé : je ne peux pas le traduire : c'est un vilain mot)

Zut alors !

Oh for goodness' sake !

Aïe aïe aïe !

Oh man !

Oh là là !

Wow ! Oh dear !

C'est une exclamation de surprise ou un choc ou d'incrédulité. Parfois, quand les français le disent il peut se répéter un peu, **Oh là là là là là là**… ! Surtout si c'est une grande surprise !

Chouette !

Choice !

Doucement

Quietly, Softly

On entend souvent les enseignants le dire aux enfants à l'école.

Vite ! Vite !
Quickly ! Quickly !
Et voilà !
And here it is !
C'est tout
That's all

Et je termine cette petite leçon là-dessus.

Et n'oublie pas : il suffit de dire tous ces mots avec un très fort accent français comme Olivia (*aveyk en tray four akson frwoncay*) et tu parleras français !

Au revoir / Goodbye / Haere ra !

Annexe 7 Livres que je vous recommande de lire (en anglais)

Sixty Million Frenchmen Can't be Wrong de Jean-Benoît Nadeau & Julie Barlow

Allons Enfants de Linda Burgess

The Road from the Past de Ina Caro

My Life in France de Julia Child

Le Petit Prince (The Little Prince) de Antoine de St Exupéry (en français)

Fête Accomplie de Peta Mathias

French Toast de Peta Mathias

Salut ! de Peta Mathias

A Year in Provence de Peter Mayle

Encore Provence de Peter Mayle

Toujours Provence de Peter Mayle

A Dog's Life de Peter Mayle

My Father's Glory de Marcel Pagnol

My Mother's Castle de Marcel Pagnol

The Time of Secrets de Marcel Pagnol

The Time of Love de Marcel Pagnol

Jean de Florette & Manon of the Springs de Marcel Pagnol

The Discovery of France de Graham Robb

The French Way de Ross Steele

A Certain Je Ne Sais Quoi de Charles Timoney

Pardon My French de Charles Timoney

Almost French de Sarah Turnbull

Epilogue

En août 2009 pendant notre fête de départ à Wellington, Nouvelle-Zélande, j'ai déclaré avec fierté que je n'écrirai pas de blog, de livres ou d'articles de journaux, sur le déménagement de ma famille en France, mais plutôt que j'enverrai de discrets petits e-mails mis a jour de temps en temps, quand j'aurai quelque chose de *vraiment intéressant* à dire.

Mais rien ne s'est passé comme cela.

J'ai trouvé que les situations et les défis auxquels nous faisions face signifiaient que j'avais désespérément besoin d'un moyen pour noter mes réflexions et mes observations. Je me suis mise à écrire des e-mails ridicules, trop longs et trop détaillés aux amis et à la famille avec beaucoup de photos en pièce jointe.

Et une fois pour varier un peu, dans un e-mail, j'ai écrit un ou deux paragraphes comme s'ils étaient écrits par chacun des enfants (neuf, sept et cinq ans) avec leur propre voix et style, bavardant à propos de leurs aventures, activités et associations, et de tout ce qui était important pour eux. Je prenais leurs identités et j'écrivais comme ils l'auraient fait. J'étais surprise par le nombre de personnes qui m'ont dit combien ils aimaient lire ce que les enfants avaient écrit et combien ils sentaient que les personnalités des enfants resplendissaient vraiment dans leur manière d'écrire.

Puis un jour, durant un déjeuner d'anniversaire vraiment magnifique dans un restaurant deux étoiles Michelin chez Michel Sarran à Toulouse avec mon cher Richard, nous avons commencé un repas sympathique arrosé de champagne pour fêter nos *progrès jusqu'à ce jour* - notre départ de Nouvelle-Zélande, notre voyage en France, et notre acclimatation en France, particulièrement parce que nous n'avions pas pris le chemin « expatrié, la société paie pour tous, le logement pris en charge, les écoles internationales pour les enfants ».

Alors, je pensais que ce serait peut-être une histoire amusante, de raconter tout ce que nous avions expérimenté. Mais la question que je me posais c'était, en quoi, *vraiment*, est-ce différent de tous les merveilleux livres qui parlent des expériences des gens en France ?

J'avais lu beaucoup, beaucoup de livres sur la France avant que nous n'y déménagions, mais seulement un seul livre (*Allons Enfants* par Linda Burgess) parlait véritablement des enfants qui avaient fait l'expérience de vivre en France. Je voulais lire davantage sur ce sujet particulier.

Alors que les semaines passaient, je réfléchis plus longuement. Pour finir je commençais juste à écrire pour rassembler mes idées : trois jeunes enfants, un mari étudiant d'âge mûr, voyageant à travers le monde ; immersion totale dans une école française de village, connaissant très peu ou pas du tout la langue, payant nous-mêmes pour l'aventure, trouvant notre propre maison, rencontrant les Français du coin, ayant affaire avec l'administration Française, et tout - avec toute notre bonne volonté.

Un matin - à ma grande surprise - je me réveillais avec la voix de Matthew qui bavardait dans ma tête. Et sa voix resta avec moi. Et à partir de ce matin-là, je ne cessais d'observer et d'étudier, et passer en revue, et examiner, tout ce que je voyais : les gens que je rencontrais, les endroits que je visitais, les bâtiments que je remarquais, les langues que j'entendais, avec des yeux nouveaux - du point du vue d'un garçon de dix ans - et je trouvais ça drôle, rafraichissant, et une nouvelle perspective stimulante.

Il allait partout avec moi, ainsi je commençais à écrire *ses* propres remarques au lieu de mes mornes délibérations. Et voilà ! L'histoire telle qu'elle était racontée par Matthew, de *Se réveiller en France et survivre le sourire aux lèvres*, avec les yeux clairs dans son nouveau pays avec des observations fortes et rafraîchissantes.

Cela n'a certainement pas été *une petite chose* pour nous d'arriver dans un autre pays, où notre langue maternelle n'est pas largement ou ouvertement parlée, et où nous sommes les nouveaux venus de l'autre côté du monde. Mais ce livre a été un merveilleux moyen pour moi de pouvoir gérer nos situations et défis, et de ne plus y penser.

Une de mes amies m'avait dit que l'on avait besoin de passer une année entière dans un pays - quatre saisons - avant de pouvoir trouver sa place dans ce nouveau pays.

Pour nous tous, spécialement pour Matthew, je pense que cela a pris deux ans - huit saisons. Parce que nous n'avions aucune notion de la langue locale (dernier ingrédient ajouté au reste), les enfants ont eu besoin de tout ce temps pour assimiler la langue, pouvoir continuer leurs vies et apprendre.

Je ne peux remercier assez nos enfants, ni être assez reconnaissante, d'avoir saisi à bras-le-corps tous ces nouveaux défis, pour participer à l'aventure avec énergie et pêche, malgré les difficultés incontestables. Richard et moi, nous sommes très fiers d'eux pour le courage qu'ils ont montré face à ces défis. Et bien sûr tous mes remerciements vont à mon cher Richard, pour avoir été mon confident et m'avoir encouragée, et son courage lors de notre départ pour cet extraordinaire voyage.

Et, nous voilà maintenant - heureux, épanouis, participant, absorbant, parlant, agissant et devenant juste un peu plus français.

Toutes les histoires dans ce livre sont vraies. Matthew a eu lu le livre et m'a dit lorsque certaines choses n'étaient pas tout à fait vraies, et elles ont été corrigées.

Il a oublié certains événements, mais connaissant sa jeune personnalité j'ai pu exprimer ses pensées et ses réactions à ces différentes situations. Les noms des gens à travers le livre ont été changés pour protéger leur intimité. Le nom des lieux n'a pas été changé.

Sara Crompton Meade
15 décembre 2011
Ramonville St-Agne, France

Remerciements

Merci, bien sûr, à nos enfants formidables.

Merci à mon cher Richard, pour son amour de l'aventure, son courage, et pour ses magnifiques photos tout au long du livre.

Aux grands parents des enfants, pour leur soutien quand nous sommes allés en France, malgré la distance immense avec la Nouvelle-Zélande, et le manque conséquent de câlins réguliers avec leurs petits enfants.

À Mark et Maria Storey, Cathie et Stéphane Clatin, Anake Goodall (le parrain de Matthew), et à tous nos amis néo-zélandais pour nous avoir encouragé à faire le voyage, et pour le temps agréable passé ensemble.

À Alliance Française, de Wellington, et à Dan et Anna Tait-Jamieson pour leur trésor de sagesse et leur temps.

À James parce qu'il nous a donné son lit dans le château, et à Paul et Sarah Hangartner pour nous avoir prêté sa voiture, et plein de conseils pour les familles qui vivent en France.

À Malin Arve pour son influence très agréable sur nous tous, et pour nous avoir aidés lors de démarches administratives (et pour les délicieux repas qui ont suivi ces occasions très épuisantes.)

À Samantha Vance pour nous avoir guidés dans Toulouse, et être toujours une amie présente.

À Jerry Silverthorn pour m'avoir trouvé la voiture *normale*.

À Marijo Huguet et Simone Raffin pour toute leur aide pour les traductions, pour les leçons continuelles et leurs amitiés.

À Joanna Frew, Vivienne Holt, Sarah Rossiter-Pinfold, Erris Thompson, Helen Crompton et Richard Meade pour leurs intérêts, enthousiasme, suggestions, et leur relecture intelligente et leur aide pour le manuscrit. Les erreurs qui restent sont les miennes.

À Ramonville St-Agne un endroit agréable pour vivre.

À tous les maîtres et enfants de l'École Maternelle et de l'École Élémentaire St Exupéry pour leur aide et leur professionnalisme.

À *Annabelle*, *l'ange Patricia*, *Jeanne et Nicolas*, et *Madame Durand* pour avoir réussi différents miracles.

À tous nos amis français qui nous ont aidés à nous sentir comme à la maison, surtout les familles Huguet-Thomas et Laurell, et le groupe suédois de Toulouse (pour nous permettre à Olivia et moi de prétendre être suédoises), et à Ross Jenkins pour avoir organisé des chœurs splendides à Puycelsi.

Et tout le monde qui continue gentiment à corriger notre français sans rien d'autre que la gentillesse et l'encouragement (et les séances de rigolade).

NOTE pour la traduction française:

Je remercie sincèrement, de tout mon cœur Simone Raffin, Emmanuelle Le Cann et Marijo Huguet, pour leurs talents inestimables pour m'avoir aidée à traduire ce livre en français, ainsi que Corine Achine, Martine Mathé, Sylvie Palisse, Claire Brazeau, et Claire Sivac, pour leur aide ponctuelle, et leurs relectures. (Les erreurs qui encore restent sont les miennes.) Un beau travail d'équipe !
1 juin 2012

La biographie d'auteur

Sara Crompton Meade est née et a été élevée en Nouvelle-Zélande, et vit maintenant à Ramonville St-Agne, en France, avec son mari et leurs trois enfants. Elle a un diplôme d'anglais et de psychologie, et d'autres diplômes qui ont parfois été utiles. Elle a écrit longtemps dans sa tête à un public imaginaire mais extrêmement reconnaissant, et ceci est son premier livre écrit pour des gens réels. Elle est bien décidée à parler plutôt le français un jour.

On peut en lire davantage sur ses histoires et les aventures de sa famille sur son blog (en anglais) : www.nzfrance.blogspot.com, ou la contacter à : nzfrance.stories@gmail.com.

www.saracromptonmeade.com

Réaliser la version française de ce livre a été pour moi un bon exercice d'apprentissage. Même si j'ai eu une aide importante de mes amis français, il était de ma responsabilité de finaliser le texte, ainsi le texte en français peut rester imparfait. Si vous avez des améliorations à suggérer sur la version française, envoyez-moi s'il vous plaît un email à nzfrance.stories@gmail.com. Merci.

www.ingramcontent.com/pod-product-compliance
Lightning Source LLC
Chambersburg PA
CBHW060917040426
42445CB00011B/672

* 9 7 8 0 4 7 3 2 2 7 6 9 2 *